MARIA MADDALENA ARMENISE

MAGICHE RELAZIONI

L'Arte Di Vivere L'Amore
Tra Spiritualità, Tantra e Natura

Titolo

"MAGICHE RELAZIONI"

Autore

Maria Maddalena Armenise

Editore

Bruno Editore

Sito internet

http://www.brunoeditore.it

Tutti i diritti sono riservati a norma di legge. Nessuna parte di questo libro può essere riprodotta con alcun mezzo senza l'autorizzazione scritta dell'Autore e dell'Editore. È espressamente vietato trasmettere ad altri il presente libro, né in formato cartaceo né elettronico, né per denaro né a titolo gratuito. Le strategie riportate in questo libro sono frutto di anni di studi e specializzazioni, quindi non è garantito il raggiungimento dei medesimi risultati di crescita personale o professionale. Il lettore si assume piena responsabilità delle proprie scelte, consapevole dei rischi connessi a qualsiasi forma di esercizio. Il libro ha esclusivamente scopo formativo.

Sommario

Introduzione — pag. 5
Cap. 1: La donna selvaggia — pag. 13
Cap. 2: Il fiore mai nato — pag. 22
Cap. 3: Il rapporto tra la donna e madre terra — pag. 87
Cap. 4: Come armonizzare le relazioni — pag. 97
Cap. 5: La guarigione del serpente — pag. 113
Cap. 6: 7 giorni nella natura che ti cambiano la vita — pag. 148
Conclusione — pag. 152
Ringraziamenti — pag. 156

Premessa

Viviamo in un mondo materialista, alienante virtuale, che non contempla più l'anima siamo dissociati nella mente con la natura con gli altri, per la maggior parte del tempo sedentari sempre presi a progettare pensare a come guadagnare, ci dimentichiamo di lei quella parte più profonda quell' universo del sentire che richiama attenzioni evocando, bellezza,
ordine, armonia.
Quella voce inascoltata capace di farci provare sensazioni
emozioni sentimenti amore.
Cosi nasce il conflitto già dentro di noi a generare l'origine di tutti i mali a cui assistiamo immersi ogni giorno nel vortice della follia quotidiana

Introduzione

In questo scenario ovattato, della giostra virtuale che non ti permette dunque di vivere intensamente appieno ed in maniera soddisfacente la vita, dove non si è più capaci di provare sentimenti veri, quante storie naufragano per problemi di comunicazione, di non condivisione profonda o problemi sessuali, dove magari la violenza subdola si nasconde sotto le lenzuola? Come possiamo evitare tutto ciò e vivere relazioni armoniose e costruttive con il nostro partner e l'ambiente che ci circonda? L'energia sessuale è la forza che pervade il mondo. Se non gestita bene può creare danni notevoli fino a sfociare in femminicidio, problemi di impotenza, aggressività, devianze e chi più ne ha più ne metta.

In questo libro mostro come è possibile imparare a gestire l'energia sessuale, a trasformarla, creando relazioni più sane, partendo da storie vere di violenza fino alla maturazione di consapevolezza riguardo la scelta del partner. E alle modalità per raggiungere, la serenità, gioia, armonia in senso lato. Faremo insieme un percorso alchemico esperienziale di guarigione, inedito, che vede l'integrazione e l'equilibrio del principio femminile e maschile in ognuno di noi, risvegliando l'atteggiamento sacro per l'esistenza.

Attraverso le quattro porte del piacere in senso lato, impareremo anche a risvegliare l'anima ed i sensi assopiti dal torpore di una vita sedentaria per godere (pienamente) intensamente dell'esistenza in tutti i suoi aspetti.

Ognuno di noi, nell' io ha bisogno di connettersi con l'archetipo della natura selvaggia che la donna rappresenta. Per molti questa nostra vera natura si è assopita a causa di secoli di addomesticamento, e come alcuni volatili che se gli lasci aperta la gabbia hanno paura della libertà, la repressione ha spinto questo lato di noi sempre più in un angolo nascosto del nostro essere che può far paura.

Alcuni la risvegliano e la vivono come ho fatto io lasciando tutto e tutti, oltrepassando mari e monti superando gli ostacoli per esserle sempre fedele. Inseguendo il mio istinto sono andata addirittura a vivere nel bosco per rappresentare appieno questa rivalsa del lato selvatico. La donna selvaggia che risiede in me, è stata la mia migliore alleata. Mi ha permesso di sopravvivere e vivere appieno con intensità ed avventura ogni momento della mia vita ma anche di potere accedere al potere ancestrale. A quel fuoco sempre acceso che ti fa manifestare ed accadere ogni cosa intorno a te come per magia. Attraverso la donna selvaggia, posso entrare in contatto con la parte magica sciamanica che c'è in me e guarire le ferite, essere completamente integra, aiutare gli altri a manifestare i propri desideri e poteri, a riconnettersi con la madre terra che rappresenta in fondo la nostra anima, specchio ancestrale della nostra vera natura, seppellita da secoli e secoli di repressione.

Non importa cosa sia successo nel passato, tutte le sofferenze, tutti i dolori. Quando sei nell'integrità del tuo essere e cioè, nella natura di essere amore, sei in grado di superare qualsiasi cosa attraverso l'energia più potente: il perdono ed il coraggio di intraprendere qualsiasi causa perché sei collegato con il tamburo del cuore della vita stessa.

È da quando sono bambina che non ho mai abbandonato lo spirito selvaggio, quello spirito che una volta mi vide rilegata in quell'angolino buio di quel corridoio dell'antica casa, a soffrire le pene dell'inferno per non essere già entrata a sei anni nei canoni convenzionali della cultura dominante. Già allora difendevo il mio spirito dai condizionamenti pesanti della mentalità tradizionale patriarcale, per giunta meridionale, a cui i miei genitori volevano mi uniformassi. Ricordo che a 12 anni già andavo a meditare sulla collinetta vicino casa nell'allora ancora campestre "*hinterland* milanese", unici momenti di svago con i quali riuscivo a connettermi con il divino che intravedevo nell'universo simbolico magico che la natura già allora era in grado di regalarmi.

Nessuno me l'aveva spiegato mai, era come se naturalmente fossi già in sintonia con il disegno sincronico universale, l'unico in grado di sorreggermi nei momenti bui della vita. Fu grazie allo spirito selvaggio che la mia vita cambiò lasciando per sempre quel negozio di abbigliamento. Mi avventurai a vivere la vita intensamente, in giro per il mondo inseguendo il sogno di diventare la maestra della natura, fino ad andare a vivere nella natura selvaggia per essere coerente fino in fondo con me stessa, riuscendo a fare quello che la mia anima era destinata a fare: la sacerdotessa dell'amore.

Fu grazie al mio spirito selvaggio che riuscii a non farmi sottomettere da uomini senza scrupoli ed a difendermi bene affermando il mio diritto di esistere, a non assoggettarmi a condurre una vita mediocre, sottomessa da loro e dal sistema vigente meccanicistico, alienante, riflesso nascosto di una cultura patriarcale mascherata, per bene, dietro la facciata di un universo democratico. In connessione con questa forza riuscii a superare ogni evento negativo che la vita mi presentava.

Era come una corsa agli ostacoli, una persecuzione che non mi lasciava in pace, che ogni volta mi si riproponeva. Ero io che non andavo o erano gli altri? Mia madre mi ripeteva sempre: *"l'amore non esiste"* ma io non volevo crederle c'era qualcosa in me che mi diceva che non poteva essere così nonostante tutte le varie delusioni. Ma allora, perché ero così sfortunata in amore da trovare uomini violenti che mi menavano, oppure con grosse difficoltà sessuali, tali da impedirmi di vivere appieno l'espressione della mia femminilità?

Tutte a me capitavano! Ogni volta che mi imbattevo in qualche relazione d'amore c'era sempre qualche problema. Era come se "l'inquisizione", quell'energia atavica di separazione ci stesse mettendo lo zampino ad ostacolare la vita di una povera strega. Con il tempo ed il confronto con le mie amiche ed i clienti, la consapevolezza maturata dopo anni passati nella natura e facendo percorsi di crescita personale, di ecologia profonda e sciamanesimo, capii che c'era qualcosa che ci accumunava tutte, compresa la madre terra.

Eravamo costrette a subire questi trattamenti. Quel qualcosa di subdolo che minacciava nel profondo la nostra identità di donne, nonostante l'epoca fosse cambiata e la libertà presunta proclamata, dovevamo fare i conti con un veleno strisciante chiamato ego che si insinuava dappertutto anche nei nostri cuori persino tra le lenzuola impedendo all'amore più puro di manifestarsi. Generava un continuo conflitto sia interiore che relazionale, nonché i danni cui assistevamo tutti i giorni sul pianeta, sia ecologici che sociali.

Bisognava trovare il modo di eliminare questo male che come un cancro stava corrodendo la società attuale dietro l'apparente benessere, fino a portarci all'autodistruzione. L'atteggiamento egoistico in cui ci trovavamo a vivere (con la sua smania di avidità si manifestava in ogni aspetto della vita quotidiana, avvelenando ogni tipo di relazione con noi stessi, gli altri e la natura. Era l'origine di tutti i mali.

Iniziò così la mia avventura a sostegno dell'integrità dell'essere, in difesa dei valori più fondamentali della vita, della sacralità, della bellezza, della protezione della madre terra e della donna ad essa correlata. Ti svelerò in questo libro, finalmente i segreti per armonizzare tutte le relazioni, soprattutto tra il mondo maschile e femminile.

É grazie allo spirito selvaggio che ho avuto il coraggio, in questo libro, di mettere a nudo la mia vita offrendo la mia esperienza affinché gli altri non facciano gli stessi errori che ho commesso io, per trovare quella consapevolezza di fondo che ci aiuta a fare le nostre scelte. Con questo libro vorrei essere di sostegno per molte donne nel ritrovare il loro potere, la loro bellezza, la femminilità sacra ed essere di supporto per molti uomini che ora vedono in me la dea capace di fargli ritrovare quell'universo del sentire dimenticato.

Trovare quella parte dell'anima che ci accomuna fino in fondo imparando ad integrare gli aspetti maschili e femminili in ognuno di noi, per essere finalmente amore.

Mentre tutto ciò accade, prendo consapevolezza del respiro. Quel ritmo della vita, quel gioco sottile tra il dare e l'avere, tra l'essere ed il non essere, tra l'energia maschile e quella femminile, tra il perdersi e ritrovarsi, al bivio tra razionalità ed istinto nello spazio sacro dell'essere amore.

Sono convinta che l'origine di ogni male si trovi nell'ego e che se noi tutti andassimo a smantellarlo, ritrovando la consapevolezza di essere amore, tutto ciò che stiamo vedendo ora (dal conflitto all'omicidio, dalle guerre ai suicidi) la sofferenza, il dolore, la malattia, non avrebbero più motivo di esistere.

Capitolo 1:
La donna selvaggia

É da giorni e giorni che sto cercando di scrivere un altro libro riguardante il sogno comune di benessere e felicità. Proprio oggi ho avuto una crisi improvvisa, il famoso blocco dello scrittore. I giorni precedenti ho scritto flussi di parole che sgorgavano come fiumi senza una precisa direzione, prendevano forme che mi portavano chissà dove. Il flusso era ad intermittenza finché un pianto liberatorio ha per un attimo arreso la mia corsa infinita, quando improvvisamente dopo un discorso appassionato del mio amico, (in difesa della sorella succube di una violenza subdola da parte di un uomo molto più grande di lei), sono riaffiorati in me ricordi di quelle che sono state le mie storie d'amore malate.

Così scherzando, gli ho raccontato anche le mie peripezie amorose e di quante volte ho rischiato la vita in questo tipo di relazioni. Era da un po' che tenevo a cuore quest'argomento anche perché avevo iniziato da qualche anno a condurre tra le altre cose, seminari sull'argomento che mi riguardava personalmente.

Li avevo chiamati *"La Magia dell'amore soluzioni e strumenti per recuperare l'armonia tra uomo e donna e risolvere il conflitto"*. Facevano parte di un discorso ancora più grande che riguardava il *Tantra* termine alquanto discusso e frainteso soprattutto negli ultimi anni, da quando il mercato senza scrupoli si era infiltrato a sporcarlo della sua essenza e significato originario riducendolo ad un puro svilimento consumistico.

Tantra è una parola sanscrita dalle diverse interpretazioni TAN TRA significa tessere la trama della vita etimologicamente parlando ci riporta all' idea di telaio, ordito, una sorta di mandala cosmico armonico un tessuto interconnesso, ricordandoci che tutto è collegato come una grande famiglia (come dicevano anche gli indiani pellerossa d'America), in sanscrito il termine è composto dalla radice TAN che significa espandere e dal suffisso TRA che significa "strumento" o anche "liberare" e dal suono fonetico TA che rappresenta quella parte oscura che non conosciamo e definiamo ignoranza *"tan tra"* risultava essere così un vero e proprio percorso capace di liberarci dall'ignoranza, con il significato quindi di attraversare "andare oltre" inteso come espansione di consapevolezza che riguardava ogni sfera della propria vita e non solo rivolta alla componente di pratiche sessuali come è stato enfatizzato erroneamente in occidente (ma di questo ti parlerò più avanti perché è un discorso molto affascinante che riguarda un atteggiamento più sacro nei confronti dell'esistenza e della sessualità). Una cosa per volta…!

Ritornando al discorso con il mio amico, ridendo, salta fuori il titolo del libro "*L'inquisizione in camera da letto*". "*Dai scrivi questo libro! É una bomba! Davvero chi ti legge non potrà credere a tutto ciò che hai subìto! É allucinante... non è possibile... da non credere che per anni e anni tu non sia riuscita a farlo...*". Ebbene si. Lo scoprirai qui di seguito pagina per pagina.

Ancora mi viene da ridere a pensarci, per non piangere, che io abbia sacrificato anni e anni della mia vita in relazioni malate. Se solo avessi avuto consapevolezza di ciò, prima, avrei evitato tanti di quei sbagli e per fortuna l'ho anche scampata. Come se non bastasse sono riuscita a trasformare quello che di positivo potevo trarre da ogni situazione, ostacolo, dolore, ogni violenza subìta ora diventando così i miei insegnamenti, trasformando il dolore in opportunità di crescita anche per gli altri, riscattando la sofferenza e cercando di evitarla e farla evitare a priori.

"Tu puoi dare sicuramente un buon esempio" mi disse il mio allievo assistente che aveva iniziato con lo sperimentare il mio seminario di ecologia, profonda *full immersion* nel bosco della foresta sacra questa estate. Sai che c'è? gli dissi, hai proprio ragione sarà utile davvero scriverlo. Prima di ogni altra cosa sta diventando un'emergenza prioritaria perché il primo cerchio inizia dalla coppia per poi allargarsi ai gruppi, alle nazioni e se non funziona la relazione nella coppia come possiamo pensare che possa funzionare nel resto del mondo? Le dinamiche del conflitto sono le stesse: *se vuoi salvare il mondo*, mi disse il mio allievo, *devi iniziare da qui dal rapporto uomo-natura/donna-natura*.

Non aveva tutti i torti d'altronde e l'energia sessuale che muove il mondo, se questa non viene gestita bene o prende pieghe deviate, combina guai inauditi come quelli a cui stiamo assistendo tutti i giorni o quelli che subdolamente si insinuano ogni notte tra le lenzuola. Quante coppie conosci che vanno d'accordo? Sfido a presentarmene qualcuna. Ma se la coppia non va d'accordo non sarà un riflesso della società malata? É l'uomo che influenza l'ambiente o l'ambiente che influenza l'uomo?

Tutto è una continua influenza reciproca ma questa volta inizierò a parlare di noi, anzi di me, di com'è il mio rapporto con madre natura e di come ho fatto a trasformare il tutto. Seguimi in questo sorprendente viaggio, faremo tappa sulle mie esperienze scoprendo i segreti che ognuna di esse mi ha rivelato fino a immergerti nel mondo del sentire dove si nasconde la natura selvaggia di noi. La natura da risvegliare.

Si apriranno per te le quattro porte misteriose del piacere inteso come recupero della capacità di godere di tutti gli aspetti della vita, per riprenderci quella dimensione dell'esistenza ormai trascurata dallo stress quotidiano. Quella dimensione profonda, intima, capace di ridarci la voglia di vivere e gioire. Il risveglio della kundalini che incomincerà a farti vedere le cose in maniera differente, ed a curare nell'intimo, quella che è in primis la relazione d'amore con te stesso. Recuperando la capacità di amare sarai in grado di donare anche all'altro.

Solo così, partendo da qui, si potranno risolvere molte problematiche legate alla sessualità che coinvolgono l'essere nella sua totalità. Poteremmo evitare molte vittime di violenza, parlo sia di donne che di uomini che di bambini che devono essere riscattate. Una di queste è mia madre, che ha perso la vita poco tempo fa devastata da un male incurabile, ne sono quasi certa, insorto dalla sofferenza subìta in anni e anni di rancori e sopportazioni. Paladina anch'essa di una relazione malata. Relazioni malate che vedono entrambe le parti, vittime inconsapevoli ad interpretare copioni di un sistema culturale devastante che si manifesta attraverso le stesse dinamiche che si ripetono sempre uguali in quasi tutte le situazioni di crisi da secoli e secoli.

Tutti i giorni le cronache annunciano suicidi per amore di giovani ragazze, omicidi casalinghi, episodi agghiaccianti di donne morte ammazzate dai propri mariti o fidanzati. Tutto ciò è inammissibile. Vergognoso. Proprio colui che ami, a cui non avresti mai pensato, al quale hai confidato tutto, a cui ti sei donata completamente, si trasforma quando meno te lo aspetti in un mostro assassino. Dico sempre che a volte la realtà supera di molto la fantasia. Sembrerebbe quasi di vivere nei film dell'orrore.

Un tempo le streghe venivano bruciate al rogo, magari solo perché erano belle o volevano dire la loro. Oggi a distanza di secoli non sembra essere cambiato un granché. Le vittime continuano ad esserci e l'assassino si nasconde tra le lenzuola. Guarda un po' che ironia della sorte...

Siamo l'unica specie al mondo che si ammazza tra uomo e donna, a parte le famose mantidi religiose. Questi sono i casi eclatanti. Senza parlare di tutto ciò che mi raccontano le mie amiche ed i clienti. Di cosa si nasconde dietro le quinte, storie di tradimenti in quasi tutte le case, finendo così per convivere con il tuo peggiore o la tua peggiore nemica. Come si può arrivare a tanto? Te lo spiegherò io in questo libro.

Io l'ho vissuto in prima persona e ti posso garantire che quando ci sei dentro non è una passeggiata. Non è facile tirarsi fuori, quando ci sono sentimenti di mezzo, solitudine, interessi economici o di vario genere. Fortuna in questi ultimi tempi ci sono centri antiviolenza in tutta Italia che ti accolgono e ascoltano cose che al momento ti vergogni di dire anche alla tua migliore amica per paura che ti possa considerare un'imbecille.

Spero che questo libro possa rincuorare gli animi offrendo spunti per uscire fuori da situazioni problematiche aiutando le donne a ritrovare il loro potere, e gli uomini a ritrovare quel lato femminile dell'animo che li fa diventare più sensibili ed umani, evitando tanti dispiaceri suicidi ed omicidi per il cosiddetto amore. Se ho trovato la forza io per superare i miei traumi puoi trovarla anche tu. Con me ti puoi confidare, puoi condividere. puoi trovare una sorella o una maestra tantrica che ti indirizza alla vera sacralità della vita, offrendoti una serie di strumenti adatti a prevenire il conflitto, a guarire situazioni partendo dalla consapevolezza di quello che si sta vivendo.

Questo libro ti aprirà le porte di un universo sia conosciuto che sconosciuto. Sei pronto ad avventurarti?

Senti che storie…

Capitolo 2:
Il fiore mai nato

Avevo 17 anni quando le mie speranze d'amore si infransero su quel prato di campagna. Presa dalla rabbia perché lui mi aveva lasciata, mi misi a strappare e mangiare in maniera sfrenata l'erba del campo, immenso, dietro al casolare, dove avevamo consumato il nostro amore. Volevo morire. Ci avevo creduto con tutte le mie viscere in quella nostra storia!

Il mio primo amore a cui mi ero donata completamente fino a piangere di gioia, la prima volta che lo feci dopo aver aspettato anni. Ma anche lì fui subito delusa perché nel condividere con lui lo stato d'animo in preda all'estasi che stavo provando, lui mi derise per il fatto che stessi piangendo di gioia. Non comprendeva come potessi arrivare a tanto. Ero disperata. Come poteva farmi ciò? Portavo in grembo la sua creatura!

Quando arrivai a casa, il telegiornale annunciava il disastro di Chernobyl avvisando di non mangiare gli ortaggi e frutti della terra per le radiazioni nucleari che avrebbero compromesso la salute con effetti sconosciuti sul nostro sistema immunitario.

Che ne sarebbe stato del mio bambino? Dicevano che ci sarebbero state molte probabilità che nascesse deforme. Non potevo crederci! Ci mancava solo quello…Al dolore lancinante, per la delusione d'amore, se ne aggiungeva un altro, ancora più impattante. Ero sconvolta e come se non bastasse, in casa, mio padre era in preda per altre questioni, a crisi ansiogene con mia madre che gli stava dietro per evitare il peggio. Una sorta di babilonia.

Cosa avrei dovuto fare? Il rischio di tenere il bambino era troppo alto. In che mondo l'avrei fatto nascere? E poi l'incubo di Chernobyl, cosa avrebbero procurato le radiazioni sul mio feto e sul mio corpo nessuno poteva saperlo. Lui era scomparso nel nulla, lasciandomi disperatamente sola in quella situazione. Dove era finito il mio amore? Perché si comportava così? Eravamo fino a pochi giorni prima affiatati, sempre insieme. Appiccicati.

La mia famiglia, come già ti ho detto, non poteva darmi sostegno, i suoi genitori mi spinsero a farlo. Non mi diedero il tempo ed io in preda al dispiacere più atroce dato dalla delusione immensa del suo tradimento e da tutto il contorno, non volli credere più a niente. Il mio doveva essere il figlio dell'amore. Se non c'era amore che veniva a fare al mondo?

Fu il periodo più atroce della mia vita dover rinunciare per sempre ad una parte di me. Una parte di noi. Nella solitudine, senza potermi confidare con nessuno, senza avere l'appoggio di una amica o di mia madre, che tra le altre cose essendo di origini meridionali vedeva in me il marchio della vergogna e della ribellione. Aveva abitudini educative errate. Ogni qualvolta non corrispondevo all'immagine che si era fatta di me, dettata dalle convenzioni del tempo, litigavamo ferocemente. Tu che avresti fatto al mio posto?

Ebbi la forza, nonostante tutto, di andare avanti nel mio dolore racchiuso nel mio giovane cuore che, come un bocciolo di fiore, non aveva fatto in tempo a sbocciare che fu reciso sul nascere. Furono le prime delle numerose sfide che la vita mi stava offrendo e che dovetti affrontare nell'arco degli anni a venire, tra violenze sia fisiche che psicologiche, sommate ad ogni problematica possibile inerente la sfera sessuale ed affettiva.

Fu un'adolescenza e prima giovinezza alquanto difficile. Non avevo bussole di orientamento, anche se si affacciavano nel profondo del mio cuore come a sussurrarmi due parole che segnarono positivamente ed indelebilmente il mio destino, a cui volli nonostante tutto affidarmi. Queste parole erano: natura ed amore. Ma come l'amore non l'avevi dimenticato? Sicuramente ti chiederai. E no, mio caro lettore! Sembrava fosse scomparso invece come una fenice, ogni volta si ricreava dalle ceneri del passato.

Qualcosa non mi risuonava. Quel ricordo dell'estasi provata si impresse in me, tanto da lasciarmi sottilmente aperto nel cuore uno spiraglio di speranza e di fede che potesse ancora esistere. Era una luce da ricercare che poteva ahimè di nuovo abbagliare o fare del male? Qualcosa mi diceva che dovevo riprovare.

Visioni divergenti

Passarono gli anni e decisi di lasciare tutto. Partire all'avventura di terre sconosciute con quello che sarebbe diventato il mio futuro compagno. Era più grande di me di 10 anni, un bellissimo uomo. Mi sembrava un tipo affidabile e mi dava un po' di calore che non ero riuscita ad avere in famiglia. Stava bene economicamente ed io facevo la regina o così mi sembrava. Non ricordo di una grande intesa sessuale ma la sua dolcezza, la sua solidità mi davano sicurezza all'epoca.

Il suo era un trattarmi pero un po' come una bambina. Alle volte se ne usciva con osservazioni svilenti su cose talmente banali che poteva fare chiunque, del tipo *"sei capace di tagliare quella tenda?"* oppure *di cucinare quella pietanza?* Ricordo quando snobbava le mie idee che avrebbero apportato innovazione e qualità al suo lavoro come sassofonista nei piano bar dove mi lasciava sempre sola, in quel tavolino, a sentire lui tutta la serata. Non c'era verso di farmi coinvolgere nelle sue iniziative.

La prima sorpresa l'ebbi durante il nostro primo viaggio insieme in Grecia. Qualcosa non andava, tanto che passai le notti a dormire sulla banchina della nave ed intuivo che si stava insinuando tra di noi un veleno. Ma che razza di veleno? Ci mancava solo quello!

In quel periodo lui soffriva già di un disturbo di circolazione così era costretto a prendere delle pillole per contrastarlo, ma il risvolto della medaglia sai qual' era? Indovina un po'…gli effetti di una certa insoddisfazione sessuale si facevano sentire ed io ero sempre meno entusiasta. Con lui stavo bene parlavamo di tutto, mi confidavo. Era come un fratello maggiore, un padre, era tutto per me e gli ero anche molto affezionata. Gli volevo un gran bene, ma che dovevo fare?

C'era anche la mia giovane età. Ero una bellissima ragazza di 26 anni, numerosi spasimanti, ma io non vedevo nessuno. Ero innamorata di lui o così mi sembrava fino a che un giorno venne a trovarci un amico che si era lasciato con sua moglie, tra l'altro una nostra amica in comune. Lui mi attraeva come non era mai successo prima.

Tutto ciò mi turbò ed incominciò a mettere in crisi subdolamente la relazione, anche se il tradimento avvenne dopo, in maniera fugace e misteriosa, con un tipo che avevo conosciuto ad un corso di tamburi. La musica, le danze, il movimento risvegliarono in me quello che si stava lasciando morire.

Durò una notte e basta. In preda al rimorso non dissi niente finché un bel giorno per vie traverse, che il destino aveva in serbo per me, cambiai direzione iniziando un altro capitolo della mia vita. Dopo 7 anni di addormentamento sensoriale i profumi, i suoni, gli animali, la natura, i gruppi, il corso di guida, gli stage nei boschi, persone straordinarie fecero salire in me l'entusiasmo, la passione.

Ne parlai con lui. Volli coinvolgerlo, ma ai suoi occhi ero solo una povera visionaria. Mi disse: "*cosa vuoi fare tu? Vuoi cambiare il mondo?*" ed io con fare di sfida gli dissi di si "*voglio farlo*".

La passione morbosa

Era un giorno di primavera quando lo conobbi in mezzo la strada. Un colpo di fulmine! Era bello come il sole, slanciato, alto, elegante. Non sembrava affatto un extracomunitario solito. Aveva un suo fascino particolare. Fu passione a prima vista. Non ci misi tanto a portarmelo a casa in preda ad una smania di sperimentare tutto quello che non avevo avuto modo di fare prima. La chimica ci aveva messo lo zampino.

Sentivo che finalmente con lui sarebbe stato diverso, facevamo l'amore in ogni luogo. Bastava guardarci negli occhi che c'era poco da dire. Ricordo che una volta in una valle in mezzo alla natura, lui mi prese selvaggiamente ed io per un momento avevo raggiunto le vette del paradiso oltrepassando il corpo. Io non c'ero più.

L'estasi era totale ed anche lui sembrava essere con me. Ma come si è soliti dire *non tutto quel luccica è oro.* Si, stavo vivendo forti esperienze emozionali che avevo scelto di vivere, spinta anche dall'idea di unione tra universi, mondi culturali in apparenza distanti. Volevo dimostrare che l'amore non aveva confini al di là di ogni credo, religione ma così non fu. Ben presto iniziarono i casini…

Lui in preda ad un'incredibile gelosia incominciava ad assillarmi con le sue richieste assurde. Non potevo andare di qui, di là ma qualcosa in lui ora che lo vedevo meglio non mi quadrava. Il suo pensiero aveva qualcosa che non andava ed i suoi occhi avevano qualcosa che non capivo ed alle volte mi lasciavano senza parole. In preda alle sue sfuriate, una volta in discoteca fece una scenata assurda solo per il fatto che non ballavo tra le righe della pista. No, non potevo crederci! Ti sembra normale una cosa del genere?

Il mio spirito era forte e comunque non cedeva alle sue richieste assurde, a costo di lasciarlo a piedi a farsi 20 km prima di trovare una spiaggia dove dormire. Dopo che ne aveva combinate di tutti i colori tra scenate con la gente e cellulari scaraventati sopra il muro di una casa di fronte, nonostante il tipo fosse abbastanza aggressivo io sembravo non accorgermene, come se tutto ciò fosse normale. In preda alla mia tenerezza lo riprendevo in casa. Ci vollero episodi molto più cruenti per ridestarmi alla realtà.

Una volta quello che sembrava essere un episodio alquanto banale, come al solito, si rivelò molto pericoloso. Eravamo in un bar dell'allora paesino tra le montagne dove mi conoscevano tutti.

Quando, un signore anziano con una mossa confidenziale amichevole, mi tirò indietro le trecce. Non l'avesse mai fatto! Non ti dico cosa successe! Prova ad indovinare.

Entriamo in casa, non faccio in tempo a scendere le scale che mi scaraventa con uno spintone sul pavimento, facendomi rotolare. Per un pelo non sbatto la testa sullo spigolo del gradino. Poteva essere il mio ultimo giorno di vita ma non finì lì in preda ad una risata nervosa, gli chiesi cosa fosse successo per fare quel gesto. Al che mi spinse sul letto e sentii le sue mani agguantarmi la gola, in una stretta che si faceva sempre più stretta. In preda al panico senza capire, spinta da un istinto di salvezza, riuscii a mantenere la calma dicendogli pacatamente, *"amore che fai?"* sapendo che se avessi urlato sarebbe stata la fine.

Lo invitai immediatamente ad uscire fuori di casa. Non doveva trattarmi così. Che avevo fatto di così grave da meritarmi tutto ciò? Lo shock non mi bastò. Mi bastò rivederlo in giro per il paese che la sua dolcezza apparente mi riconquistò nuovamente, come se nulla fosse successo. In preda a follia pura tutti e due ricademmo nella nostra passione. Come poteva rinascere in me un sentimento così? Non me lo spiego tutt'ora. Forse dovuto alla solitudine di contatti in quel paesino, mi aggrappavo a colui che rappresentava l'unico contatto umano in quella vallata desolata.

Sta di fatto che le sue scenate non finirono lì. Ti racconto questa perché la più eclatante. Poi passiamo oltre. Ero in vacanza insieme a lui, quando nel lasciare l'ultimo giorno la stanza, dove eravamo appoggiati, lui mi mise fretta, mentre io avevo bisogno di più tempo per raccogliere le mie cose. Infastidita dopo aver lasciato l'abitazione, tornammo a casa dei suoi, dove in una frazione di secondo nel ribadirgli il fatto che avrebbe dovuto lasciarmi più tempo per fare le mie cose e non costringermi a fare sempre quello che diceva lui…mi vedo arrivare una brocca in testa che riuscii a sfiorare miracolosamente. Sua mamma, che assistette alla scena, ci mancava poco che svenisse. Incominciò a stare male, tanto da richiedere l'immediato soccorso all'ospedale.

Nel mentre che la stava alzando, per portarla via, con sguardo inferocito si rivolse a me dicendomi: *"guarda che se succede qualcosa a mia madre per te è finita"*. Immagina come potevo sentirmi lì, in quel paese straniero, senza conoscere nessuno, a casa sua con suo padre e sua sorella e senza neppure poter spiegargli niente, dato che la lingua non l'avevo ancora imparata.

Furono momenti in cui, non sapevo se fossi mai uscita fuori di là. I minuti non passavano mai nell'angoscia e nel terrore che arrivasse con una brutta notizia. Fortunatamente ritornarono. Lei sembrò riprendersi ma lui andò a dormire direttamente senza una parola. L'indomani dovevamo affrontare il lungo viaggio di rientro in nave, nella cabina insieme stretti stretti. Non avevo scelta. Da lì la nostra storia iniziò ad incrinarsi fino a che dopo l'ennesima litigata riuscii finalmente a scappare via, a lasciarlo lì ed a partire per il Sud America.

Nuovi orizzonti dal fascino esotico

Wow che magia! Proprio da non crederci! Non puoi immaginarti che coincidenze mi apparvero quella sera. Già sentivo che qualcosa stava cambiando. Mi ero messa perfino un maglioncino rosa, come di buon auspicio, prima di uscire ed andare a quella festa di addio che mi avrebbe cambiato letteralmente la vita.

Era una sera di un allora caldo autunno, quando fui invitata da un artista pittore del luogo nella sua casa affascinante, nel bosco, dove stava organizzando una festa di addio per un ragazzo, che lasciava tutto ed andava in Sud America. Senza conoscermi già mi aveva ingaggiata dopo avermi inquadrata per fare la strega nella sceneggiatura amatoriale di un suo pseudo provino cinematografico.

Da premettere che qualche settimana prima, spinta dalla voglia di fuggire, mi recai in agenzia turistica per informarmi sulle tariffe per partire da sola in Perù, ma l'esperienza classica organizzata non mi soddisfaceva più. Così decisi di lasciar perdere pensando che ci sarebbero state occasioni migliori che sarebbero state più congruenti al mio spirito selvaggio (che non aveva voglia di vivere banalmente le solite vacanze senza senso), magari in un viaggio classico organizzato.

L'occasione migliore la colsi quella sera, proprio come si è soliti dire, "al volo". Non me lo sarei mai immaginata ma quando entrò in quella stanza quel ragazzo con lo zaino in spalla, sai cosa gli dissi immediatamente nel dargli la mano di presentazione? "Ciao sarei dovuta venire con te in Perù'". Lui rimase piacevolmente sorpreso. La sua aria di libertà, piena di gioventù, metteva in un allegro subbuglio tutti gli invitati. Era quello che stavo cercando. Decisi di sfidare il destino.

Andavo in giro con il mio pendolino, (mi stavo allenando per le pratiche energetiche di reiki, un modo che mi poneva positivamente in relazione con gli altri), così decisi di sperimentarlo immediatamente con lui dicendogli: *"aspetta un attimo! Voglio misurarti la tua sprizzante energia. Scommettiamo che se solo lo faccio il pendolino si rompe?"*. Lui mi guardò acconsentendo giocosamente e con nostra grande sorpresa il pendolino che girava fortissimo in preda ad un'energia dirompente, si sganciò sulla mia mano. Fu il primo segno di una serie di segni magici che quella sera mi segnarono la strada.

Finché nella notte, camminando in quella che avevo proposto come un'escursione notturna di gruppo, sotto le stelle, come deformazione professionale, inciampai sul selciato ritrovandomi in un momento tra le sue braccia. Senza neanche pensarci un momento in più, le nostre bocche si cercarono, sbocciando in un bacio appassionato…

Peccato che mancavano due ore alla sua partenza per un continente sconosciuto, con biglietto di sola andata e poi non l'avrei rivisto mai più. Che fare quindi? Un sogno bellissimo appena nato non potevo lasciarlo finire così. Anche lui sembrava preso ma non tanto quanto il fatto di avventurarsi finalmente libero per nuovi orizzonti dal fascino esotico. Ci scambiammo l'email. Se non avessi avuto Nev, il mio gatto bianco, che mi aspettava, sarei partita immediatamente con lui all'alba di quella mattina che stava per arrivare.

Passarono i giorni e la magia di quell'incontro mi segnò nel profondo. Per quale motivo tutte quelle coincidenze sincroniche? L'universo cosa mi voleva dire? Dovevo far decantare il messaggio? E poi a pensarci bene sai quanti anni aveva?

All'inizio non mi resi conto…sai al buio e presa dall'entusiasmo. Ma confrontandomi con la nostra conoscente, in comune, questa mi disse che era molto giovane. Le chiesi quanti anni allora avesse ma non volle dirmelo finché in ultimo si arrese dicendomi: "23!". No davvero? Dissi…Io ne avevo all'epoca 33. Oh mio Dio! Che situazione! Da una parte intrigante, dall'altra destabilizzante. Non volevo condizionarlo quando gli inviai quell'email dove gli chiedevo se potessi raggiungerlo solo dopo 15 giorni. Mi ero rassegnata di farlo solo in un'ottica di amicizia per non impedirgli di vivere serenamente la sua gioventù. Ma in compenso ero enormemente stimolata. Il richiamo dello spirito avventuroso era più forte. Così alla sua allora risposta, alquanto sorpresa ma entusiastica, non me lo feci ripetere due volte e partii.

L'avventura divenne sconvolgente. Giravamo senza una meta in lungo ed in largo, alla scoperta di quel meraviglioso paese attratti sempre più dal suo fascino misterioso. Con pochi soldi in tasca abbiamo attraversato in pullman mezzo continente, tra rovine, noti sciamani ed esperienze fuori dall'ordinario.

Intanto ci conoscevamo e man mano che passavano i giorni la nostra felicità sprizzava da ogni foro della nostra pelle. Eravamo letteralmente in estasi! Invece di camminare per le strade saltellavamo, cantando, presi dall'atmosfera euforica che solo quel luogo insieme alle nostre energie ci poteva dare. Sembrava di vivere una favola.

Se non che, le prime volte quando facevamo l'amore non me ne accorsi perché presa dal coinvolgimento pensavo fosse dovuto all'entusiasmo, ma i giorni passavano ed il suo comportamento non cambiava. Cosa c'era che non andava? Non avevo il coraggio di dirglielo. Lui era talmente preso che di rovinare quella atmosfera non mi andava.

Dentro di me qualcosa si annebbiava. No! Pensavo, non è possibile. Che sfiga. Rieccoci…Era talmente eccitante, il tutto, che appena stavo per…ecco che lui veniva…non faceva in tempo a…É inutile che ti dica i particolari tanto hai capito vero?

Nel frattempo la nostra intesa era tale che sognavamo insieme di creare una situazione comunitaria di vita ecologica nella natura, una volta ritornati in Italia. Ebbene si, dopo tre mesi lui volle ritornare indietro con me. Infuocato dal progetto ci innamorammo. Lasciai perdere tutto confidando in lui. Che ingenuità ragazzi. Da non credere…Come ho potuto farlo? Tu mi chiederai. Con uno più giovane di te? Ti prego ora di fare lo sforzo di non giudicare. Sembrerebbe davvero poco sensato investire tutto ciò che avevo nel progetto a per portare avanti il sogno comune di benessere e felicità.

Spinti da non so quale smania di andare a vivere nella natura selvaggia amplificata da un idealismo sfrenato di rinnovamento, dettato da oracoli indigeni che parlavano di avvento di una nuova era, che faceva leva sul mio sogno (forse un po' troppo presuntuoso, di cambiare la società), una visione ben chiara incominciava ad affacciarsi davanti a me.

Il misticismo non mi aveva mai abbandonato per cui davvero mi avventurai in questa nuova impresa. Non hai neanche la più pallida idea di quello che successe in quegli anni di vita nel bosco con gente che andava e veniva per aiutarci nella allora mia proprietà, acquistata faticosamente con tutti i miei risparmi. Da piccolo borgo di ruderi diventava pian piano realtà grazie anche alle sue mani d'oro, in coerenza perfetta con il disegno della visione che stava, prendendo forma, materializzandosi in una splendida casetta in "Canada".

Il serpente strisciante inquisitorio che fino ad allora mi diede un periodo di pausa, sormontato dalla passione che ci mettevamo nel portare avanti il nostro intento, emerse dal profondo fino a rovinare tutto sempre sul più bello. La situazione dal punto di vista sessuale era diventata per me insostenibile. Ancora una volta che fare? Quale era la soddisfazione principale: il progetto o il sesso? La spiritualità o la materia? E perché questi due aspetti non si potevano conciliare?

Lui mi piaceva ancora molto ma il solito problema per troppo tempo trascurato iniziava a farsi strada, sempre più inquietante. Non c'era nessuno all'epoca con cui parlarne. Il fardello iniziava ad essere pesante e forse avrei dovuto lasciare perdere tutto fin dall'inizio. Lui era troppo giovane per me e forse io gli incutevo timore? La donna matura, la dea, esercitava un timore nascosto un non so che di reverenziale che suscitava in lui delle paure?

Nei mesi precedenti glielo avevo fatto notare, perché le cose non me le tengo per me proprio per poterle risolvere. All'inizio lui si decise a recarci insieme da uno psicologo. Ma che poteva fare? Forse non aveva nozioni in merito alla sessuologia. Gli diede alcuni esercizi che, comunque lui restìo, all'inizio fece ma che dopo smise di fare.

Nel frattempo non hai idea di quanti libri comprai. Manuali su manuali di sessuologia, di tao, di kamasutra di Tantra. Mi feci una cultura per salvare la nostra storia, per salvare il nostro sogno, che ancora una volta naufragò quel giorno che se ne andò disperato, forse avvilito e demoralizzato, dal suo senso di impotenza che io nell'incoscienza gli feci notare con modalità, forse, ai suoi occhi troppo aggressive. Rivedo ancora i suoi attrezzi su quelle scale che andavano a costruire quello che doveva essere il fuoco di un camino mai acceso.

Dott. Jekyll and Mr. Hyde

Pensavo non mi sarebbe mai più successo, la mia esperienza era tale che non potevo ricadere negli stessi sbagli. Pensavo…la prossima volta sarà diversa, spinta da una irrefrenabile ricerca di misticismo religioso avviata da un po' sulla strada delle terapie naturali, che mi interessavano da tempo, tanto da approfondirle con numerosi studi e seminari esperienziali di ogni genere.

Mi imbattei a sperimentare l'esperienza in un *Ashram*. Dove al misticismo che si respirava, si univano mantra, canti, antiche pratiche spirituali dell'antica India, tutte a rievocare il ricordo stimolando l'immaginario, su una terra per me ancora inesplorata ma che accendeva già fuochi di fantasia.

Ero contenta di essere là, circondata da persone che pensavo fossero tranquille, in linea con i principi di amore, umanità, solidarietà, fratellanza, tolleranza che il messaggio dell'*Ashram* si prefiggeva di far passare. Ma la realtà dietro le quinte si sarebbe dimostrata lontana. Ma come potevo saperlo?

Comparse lui a farmi da guida in quell'universo di incoerenza, sapeva a memoria tutti i mantra in sanscrito, suonava alla perfezione tutti i tipi di strumenti. Tutto ciò ti devo dire non mi lasciò indifferente. Per una come me che amava danzare poi…

Il ragazzo dai profondi occhi neri e dai bei capelli scuri, lunghi, ricci, dallo sguardo un pò fanciullesco ed a tratti grottescamente ironico, subito si appiccicò come una calamita. Non mi lasciò un attimo. Aveva visto la milanese e gli si rizzarono i capelli e forse qualcos'altro. Non ridere ti prego. L'anima caliente dell'uomo meridionale, con la sua insistenza e prevaricazione, non ci aveva messo molto tempo a manifestarsi.

Tanto fece, zitto zitto, con il suo fare da conquistatore che mi conquistò ahimè veramente, ed alquanto inaspettatamente, con un bacio in sosta al passaggio a livello di una ferrovia, in attesa che il treno passasse dopo mesi di insistente corteggiamento.

Sai, erano anni che non vedevo un uomo che sapesse corteggiare così assiduamente, anzi a dire il vero non l'avevo mai conosciuto. Non si usava più corteggiare una donna in questa epoca di rapporti fugaci dettati della toccata e fuga consumistica. Uno che perdeva tempo dietro a me, forse fin troppo insistentemente, andò a stimolare il mio inconscio, desideroso di un approccio che la natura in realtà aveva preparato per noi e di cui noi avevamo perso le tracce nel tempo.

Chissà…Sta di fatto che funzionò. Riuscì nella sua impresa di conquistare il mio amore, dopo numerosi tentativi di rifiuti da parte mia, anche perché non mi diceva nulla fisicamente ed anche il suo modo di fare all'inizio creava in me un certo senso di fastidio, misto a repulsione. Non ne capivo il perché. C'era qualcosa in lui che non mi risuonava…Non diedi ascolto a questa mia voce interiore che man mano si affievolì, sopraffatta dal suo magico potere manipolatorio.

Pian piano entrai nella sua morsa come un insetto nella ragnatela. La sua psiche, i suoi discorsi, i suoi modi, erano alquanto affascinanti, suadenti, di una dolcezza da non credere. Ti ingannava con il suo sguardo da fanciullo ingenuo, con i suoi modi gentili e generosi. Non ti dico i suoi baci...entravi in un universo sensoriale inedito. Una sinfonia, un gusto. Stavamo ore in un bacio, forse non ci crederai...

Tutto ciò mi stupiva. Come era possibile? Ci baciavamo per ore, mi accendevo, si accendeva come mai nessuno era riuscito a farlo prima ma poi nel momento più bello, senza neanche riuscire a penetrarmi, lui aveva già finito. Rieccoci. Il fantasma era ritornato a perseguitarmi. Non era possibile tutte a me succedevano! Possibile che non potevo vivere appieno la mia sessualità? Che destino crudele era mai questo! Incominciai ad essere alquanto scocciata, inferocita con lui. Sfogai tutta la mia rabbia. Facciamo un po' i conti. 4 anni di problema di impotenza, più cinque di eiaculazione precoce, più quelli che sarebbero diventati tre con altrettanti problemi di eiaculazione precoce. 12 anni in tutto, di amori non consumati appieno. Quasi mi potevo considerare ancora vergine! Tu capisci che stavo sprecando tutta la mia giovinezza in "matrimoni" in bianco? Sembrava una maledizione con implicazioni che man mano prendevano risvolti psicologici inauditi.

Non avrei mai immaginato, ti giuro, quello che mi sarebbe successo dopo, mentre cercavo di spronarlo ed educarlo a contenere la sua energia. Non capivo come l'aver ferito il suo orgoglio avesse preso pieghe così catastrofiche, segnando un solco nella sua psiche, accumulando inaspettatamente rancore su rancore.

Il non riuscire a soddisfarmi e la paura di perdermi, risvegliò in lui la gelosia. E che gelosia! A momenti ci lasciavo le penne un'altra volta. Lo vedevi trasformarsi da un momento all'altro. Prima era dolce come un angioletto poi improvvisamente il suo sguardo si faceva di fuoco e poteva succedere di tutto in quel momento. La sua forza era incontrollabile, come se gli fosse entrato il demonio dentro. Ed in effetti non ti nego che a volte me lo ritrovavo a combatterci a quattr'occhi.

Non riuscivo a capire come potesse essere così dissociato. Nella sua ira poteva accadere di tutto…come tirarmi bottiglie di birra, mentre stavo scappando via con la mia punto bianca, oppure dare calci sulla macchina, che ancora a distanza conserva il suo ricordo, o peggio ancora quando la rabbia riusciva a colpire me in pugni e calci che andavano a compromettere il mio corpo, tanto da recarmi più volte in ospedale.

Peccato che avesse questi retroscena perché L'altra parte di lui era davvero dolce, splendida, amorevole, affettuosa, comprensiva. Alle volte mi sorprendeva per i colpi di scena della sua genialità. Era capace di fare tutto con le mani. Straordinario. Nel giro di qualche ora ti risolveva qualsiasi tipo di problema pratico, conosceva canti in sanscrito a memoria, teneva un orto splendido.

Quando faceva le cose, insomma, le faceva bene ed era quello che mi affascinava di lui. Però bastava poco, pochissimo, un attimo per fargli cambiare umore ed io vivevo nel terrore. Il mio spirito di perdono, il mio voler approfondire, studiare quel meccanismo malato sulla mia pelle, quel cercare di far emergere quella parte di lui bella sul resto, mi spinsero ad andare avanti nonostante tutto finché non superò i limiti e la mancanza di rispetto, fu tale che non fu più possibile sostenere quel tipo di energia.

L'intermittenza, quell'altalena di emozioni, bruciavano inesorabilmente il mio prezioso tempo. Fu difficilissimo sganciarsi perché, anche se lo facevo fisicamente, ogni volta scappando via, la sua presenza era tale che mi si era insinuata subdolamente nella testa. Da una parte mi piaceva essere desiderata, cercata ogni qualvolta andavo via, dall'altra era ingestibile. Ci avvicinavamo e allontanavamo come dei pazzi.

Lui era capace di raggiungermi col treno, farsi centinaia di km, per poi vedermi negli occhi e fuggire via subito dopo lasciandoti stupefatta. Allucinante credimi. Gli amici non bastavano a tirarmi fuori da quella situazione. Purtroppo l'amavo ma il nostro amore soffriva di una malattia "incurabile" o così pensavo.

Inizialmente sono state le donne dei vari centri di antiviolenza che mi aiutarono. Le letture sul tema della violenza, i corsi di autostima, ma fu soprattutto l'incontro ancora più profondo con

Madre Terra ed il femminile sacro, che, alimentarono in me la forza interiore nel decidere di non farmi più abusare di quei trattamenti. Ancora una volta scelsi me.

Ora a distanza di anni da quando ho deciso di mollare tutto, lavoro, familiari e tutte queste storie malate, sono andata a vivere nella natura. Non sono più la stessa di allora, sono rinata a nuova vita. Certe volte dico alle persone che vengono a fare i corsi da me che è come se avessi vissuto sette vite oltre a questa.

La natura è stata la mia più grande insegnante di vita da quando ho avuto la fortuna di conoscerla. Frequentando quel corso avanzato di sciamanesimo sul potere del femminile sacro tutto è cambiato, anche il mio rapporto con gli uomini. É lei che mi ha fatto riscoprire la mia femminilità, la bellezza, la magia, il mistero della creazione. Più tempo passavo con lei e più mi sintonizzavo con i suoi ritmi, i suoi cicli.

Da lei ho imparato Il rapporto stretto tra la donna e la madre terra e che ogni momento ha un valore, ogni tempo è importante. Come le fasi della luna, anche il tempo della donna con tutte le sue fasi, dalla giovinezza alla maturità, alla vecchiaia. Ora a quasi cinquanta anni sono in splendida forma sia fisica che psichica, non mi faccio problemi fisicamente perché sembro una donna di 30.

Molto più di prima apprezzo l'essere donna nella mia maturità e sembra che gli uomini lo sentano lontano un miglio, riconoscendo la sicurezza e la bellezza interiore che fa la differenza. Stando anni e anni a stretto contatto con lei senza televisione, la mia mente si è purificata da tutti quelli che sono gli inquinamenti della vita stressante ordinaria.

Compresi gli inquinamenti emotivi, e fisici e ho raggiunto l'integrità dell'essere amore in un viaggio di integrazione mente-corpo-spirito grazie anche alle pratiche eco sciamaniche, di ecologia profonda, di yoga, tantra e di espressioni artistiche come la danza che mi hanno accompagnato in questi anni. Il mio corpo si è modellato a furia di scalare le montagne respirando aria pura, auto guarendo, tra le altre cose, anche una forma di ipotiroidismo. Il mio mondo interiore si è arricchito di simboli, di immagini, di significato, con gli alleati animali, piante ed elementi. che hanno risvegliato in me il potere Ora conosco il loro linguaggio simbolico e suono la musica che mi nutre nell'anima.

La causa della protezione della natura è in realtà la stessa causa di protezione della donna o dell'intera umanità in senso lato, in difesa dei più elementari diritti umani quali: il rispetto per tutti gli esseri viventi e la cura della nostra casa comune con la salvaguardia di alcuni valori di sacralità della vita. Per cui ho votato gli ultimi 20 anni della mia vita a ciò, e a smantellare tutto quello che impedisce alla nostra vera natura di manifestarsi.

Ora come posso definirmi? Sono una *Natural spiritual tantra coach*. Molti dicono che sono un'artista quando vedono i miei dipinti eclettici, altri mi vedono come la guaritrice sciamana, che interviene a curare i mali della loro anima. Altri come una guida spirituale dove attingere luce per guardare oltre. Molti mi conoscono per le mie esperienze *full immersion* mistiche che faccio fare nella mia casa, centro olistico nel bosco, che ci i riconnettono con lo spazio del silenzio, lontano dallo stress della vita quotidiana, con gli spiriti della natura e la grande dea Madre.

Le insegnanti mi ricordano come Schiasta, la maestra della natura con i suoi preziosissimi interventi di educazione ambientale, poiché insegno il linguaggio degli animali e delle piante nelle scuole. Nei vari *yoga festival,* tengo laboratori di danze sciamaniche. Le mie mani sono d'oro, guariscono, massaggiano, aprono le porte del sentire altro, fino a viaggiare e scoprire le dimensioni dell'essere rappresentate dai *chakra* che ti permettono di raggiungere l'estasi.

Mi trasformo così in una donna multidimensionale da educatrice ad insegnante di *Hatha* yoga, a Maestra tantrica, a massaggiatrice, artista, sciamana danzatrice guida e scrittrice e dopo 20 anni dedicati allo studio ricerca e sperimentazione nel mondo delle discipline olistiche ed in quello dall' ecologia profonda e all' antropologia sociologia pedagogia alternativa e yoga tantra ho trasformato tutto in un metodo inedito: olistico multidimensionale, che si caratterizza proprio per l'integrazione della visione ecologica e quella spirituale che di solito vengono contemplate separatamente ma che io ci tengo ad abbracciare , dato che all'origine dei tempi non esistendo il problema ecologico erano un tutt'uno integrato, per cui la spiritualità ora come ora non può prescindere dall' ecologia.

Ritornando a noi non mi chiedere, dunque, cosa sono perché non amo i ruoli e racchiudermi in un'unica forma.

Ma se mi chiedi come identificarmi, ti rispondo come una donna "medicina" selvaggia, ma saggia una artista multidimensionale che dopo tutto quello che ha sofferto ed imparato ora è in grado di aiutare anche gli altri a prevenire il dolore e la sofferenza. avendoli vissuti in primis sulla sua pelle. Ora torniamo a noi ed alle mie amiche.

Le mie amiche

La storia l'avevo sentita diverse volte, si ripeteva sempre con le stesse dinamiche. Quanti mariti e mogli se ne stavano a dormire insieme nello stesso letto diventando degli estranei senza più avere in comune quello stesso letto, la casa o il denaro ma legati interiormente da una frattura data dal senso di solitudine dettato dall'incomprensione per la non condivisione, con l'ombra strisciante del tradimento. L'inquisizione aveva completato l'opera.

Così nel non trovare il coraggio di cambiare, si finisce per vivere una doppia vita, falsa, incoerente che porta ad un malessere cupo. Fino a quando si può andare avanti così?

L'altro giorno sento un'amica milanese. È da molto tempo che nel suo letto ha un estraneo con il quale non fa più l'amore da anni. Mi raccontava che cercava qualcuno con cui condividere le gioie e le pene della vita. Si sentiva sola. Negli anni precedenti aveva sempre tradito il marito e chissà forse anche lui aveva fatto la stessa cosa…

Stava male, molto male. Si sentì desolata quando scoprì che anche con l'ennesimo amante si erano lasciati perché lui non era in grado di aprirsi fino in fondo. Rimaneva allo stato superficiale raccontando poco di sé e nutrendo in lei troppe aspettative di prestazioni amorose, a comando quelle volte che si vedevano tanto da chiudersi nel lasciarsi andare. Come si può provare piacere se non vi è condivisione profonda?

Aveva paura che lo scoprisse la moglie. Da parte sua mai un'attenzione, un corteggiamento e nel tempo per lui tutto gli era dovuto. Scommetto che anche per te il copione non è nuovo. Pensa che storie che ci sono dietro le quinte come queste, che possono avvelenare la quotidianità. Storie che possono far vivere una vita a metà, mentre la menzogna avanza al limite della schizofrenia o chissà…di qualche altra patologia.

Lo stesso sta capitando ad un'altra mia amica napoletana che vuole separarsi ma non sa come fare. Sono 30 anni che vivono insieme. Da quando lei ha intrapreso la strada delle discipline alternative il loro mondo si è diviso perché non c'è più crescita insieme. Si è creato così un dislivello che inevitabilmente va a compromettere il rapporto. Se l'altra persona non decide di crescere, rimettendosi magari in discussione, avvicinandosi al percorso che l'altro sta facendo, se non gli interessa, vuol dire che non vuole fare un passo avanti? Che ne pensi a riguardo?

C'era un periodo che leggevo i tarocchi (non per dirti cosa succederà domani perché il destino ce l'ho facciamo anche noi ma come un aiuto a trovare la strada della propria anima) e non ti dico cosa saltava fuori. Una volta c'era una tipa che aveva 7 fidanzati contemporaneamente oltre a quello fisso che diceva di amare tanto e che non avrebbe lasciato per nulla al mondo. Che storie... storie che si ripetevano all'ordine del giorno. Insomma non vi era una coppia serena, chi più chi meno aveva dei disturbi, conflitti, incomprensioni, problemi sessuali... che poi andavano a sfociare in deviazioni varie, dal sadomasochismo alla violenza, alla pedofilia, agli abusi, bipolarismo, schizofrenia.

Molte delle problematiche, se non la maggior parte, avevano origine a letto e prendevano inevitabilmente pieghe psicologiche o partivano da esse per andare a ripercuotersi come abbiamo visto tra le lenzuola. Il gatto che si morde la coda.

Il focus sulla malattia

Vorrei fare insieme a te ora un po' di luce sulle dinamiche malate che hanno caratterizzato alcune delle mie relazioni del passato e quelle che sicuramente hanno interessato (se non te personalmente), qualche tua amica/o, persone che conosci e che interessano tutt'ora molta gente, come puoi notare dai quotidiani e social.

Una sorta di focalizzazione di un malessere comune per

esorcizzare lo stesso attraverso tecniche, insegnamenti, riflessioni, preziosi consigli e soluzioni concrete sia per il rapporto di coppia, ma anche e soprattutto per creare nuovi modelli di vita, in comune, andando a trovare l'origine, la causa nascosta nel DNA dell'inquisizione, che trascinano soprattutto alcuni uomini da tempi reconditi.

Cosa emerge dagli episodi che ti ho raccontato? Che in ogni storia l'"inquisizione" si manifesta con abiti differenti, nel primo amore lasciandoti sola al tuo destino, deridendo il fatto di provare sentimenti forti di amore e gioia facendoti persino vergognare di averli provati, con il compagno dalle visioni divergenti emerge l'aspetto di sottovalutazione della persona non reputandola capace di…

Se invece guardiamo la storia del dott. Jack e Mister Hyde troviamo una personalità dissociata dove emergono tutti i difetti di un super ego malato, rabbia rancore competizione senso di impotenza, maschilismo con spiccata tendenza al dominio sulla donna, l'incapacità di gestire le emozioni in maniera ottimale, e soprattutto l'incapacità di confrontarsi con l'altro.

Mentre nella storia del sud America, emerge la paura inconscia della donna matura, della dea del potere della stessa con il quale non ci si riesce a rapportare e che dire dello straniero? L'inquisizione sotto forma di passione morbosa ti fa capire com'è importante saperla riconoscere e gestire non facendosi travolgere dalla stessa dato che come abbiamo visto nella storia porta a rischiare la vita.

Questi sono tutti esempi di un anima frammentata , che vive in un contesto che non la contempla più di cui gli effetti si possono manifestare anche in questa maniera dato appunto che si è perso il contatto con la nostra natura di essere amore .Ecco perché ora più che mai, risulta indispensabile riscoprire il Tantra vero con le sue modalità di gestione dell' energia e risveglio sensoriale e atteggiamento sacro per l' esistenza, insieme alla capacità di riconnetterci con la Madre Terra perché essa è un riflesso della nostra anima che ci insegna attraverso il suo simbolismo sacro come stare al mondo.

Ora se devi scegliere il partner sceglilo con più consapevolezza, sarebbe ottimale che oltre a piacerti sul piano fisico tu possa contemplare anche l' aspetto interiore, il modo di pensare, la capacità di comunicare, e di provare empatia, che ci siano cose in comune e soprattutto crea progetti con lui/ lei quello vi terrà sicuramente uniti… oltre agli altri segreti da sapere, che scoprirai man mano che ci inoltreremo nel libro, ma ora cosa vedere ancora nelle storie che ti ho raccontato?

Che le adolescenti o donne in genere, vengono lasciate da sole a rischio con un alto grado di vulnerabilità e di disagio, essendovi una mancanza nella società di un'educazione all'affettività e di un supporto come potrebbe essere un gruppo di orientamento di donne, sorelle, amiche, come ad esempio lo erano i cerchi di sorellanze dell'antichità dei popoli nativi, che non lasciavano mai da sola la donna ad affrontare i problemi, di relazione, vedendo in essi un modo educativo per confrontarsi ed incoraggiarsi, sostenendosi a vicenda.

Tutto ciò dava potere alla donna che avendo la sorellanza come supporto la faceva sentire più sicura e meno in balia delle illusioni di uomini malvagi e senza scrupoli. Gli atteggiamenti in alcuni uomini di irresponsabilità, vigliaccheria non gestita, mancanza di rispetto, menefreghismo, voler apparire superiore, negando l'evidenza, l'abuso di potere, la gelosia, la violenza verbale e fisica, la prepotenza, la sottile manipolazione, sono tutte manifestazioni frutto di un ego spropositato da guarire, dato dalla non educazione ai valori, ai principi che diventano, purtroppo, un comportamento assodato.

Se da piccoli ci si educasse al rispetto dell'altro, penso che tutti questi attributi scomparirebbero. Ma a scuola ho potuto constatare che il rispetto si dà per scontato e l'educazione civica non esiste più. Già dalla tenera età vedi competizione tra maschi e femmine, e chi ne subisce le conseguenze siamo noi donne da grandi. Ma non solo. Basti vedere come oggi le forme di non rispetto abbiano preso le caratteristiche del bullismo che si avvale di mezzi quali internet per operare indisturbato.

L'ego agisce con lo sminuire gli altri. Ci incita ad essere i primi ed a dominare. É un parassita che sfrutta le nostre risorse a suo vantaggio. Possessivo, pieno di pretese sempre insoddisfatto.

Dai mille volti che lo contraddistinguono con la maschera

dell'orgoglio, dell'invidia, della gelosia, prevaricazione, senso di possesso, giudizio, critica, tutti difetti che dobbiamo andare ad eliminare da noi stessi per essere finalmente nell'essere amore e trovare la felicità tanto agognata.

Il dottor Jekyll e Mister Hyde lo troviamo così in perenne lotta dentro di noi, riflesso del conflitto tra il nostro vero sé (la nostra natura divina) e l'ego. Tutto ciò sta all'origine anche del conflitto interiore che è alla radice delle relazioni malate e che nasce appunto dall'incoerenza tra la voce della nostra anima che tenta di farsi strada e l'impalcatura strutturale fatta di condizionamenti, stereotipi, false ideologie, dovute alla cultura dominante.

Una volta raggiunta l'integrità dell'essere attraverso dei lavori su te stesso che permettono di allinearti con la tua vera natura, allora il conflitto in teoria non ha più motivo di essere, anche se ogni idea o pensiero puro si potrà scontrare con il paradosso della civiltà emergente, che basa la sua sopravvivenza su prìncipi distorti contro natura. Ma la verità è verità e inevitabilmente risuona nei cuori della gente.

E tu nel quotidiano come ti senti? Da quale dei due lati, di te, ti lasci guidare? Dalla tua anima o dall'ego? Una cosa è certa, che se non andiamo nel profondo ad osservare i nostri comportamenti rimettendoci in continua discussione ed imparando ad individuare i nostri difetti, (che sono poi quelli della società) non faremmo grandi progressi, anzi, saremmo sempre più complici del sistema che con questi presupposti ci spinge inesorabilmente all'autodistruzione.

Non è cosa per nulla facile. Da soli si fa fatica. C'è la mente che ci autogiustifica in continuazione, per cui bisogna essere umili tanto da incominciare a rimettersi in discussione ed intraprendere dei percorsi di consapevolezza che vanno a colmare lacune di prìncipi educativi a monte inesistenti.

Abbiamo bisogno del cerchio della sorellanza

Il mio pensiero va a tutte quelle donne che ora si sentono da sole, in balia di sé stesse, senza una guida spirituale, per tutte quelle vittime che stanno subendo abusi, ma anche solo violenze psicologiche subdole, mogli costrette a stare lì, a sopportare una vita di insulti e che non hanno il coraggio di uscirne fuori.

Un tempo c'era in alcune culture dei popoli nativi d'America, il cerchio di sorellanza. Le donne si ritrovavano per condividere e lavorare insieme. Questo lo si ritrovava anche nelle nostre tradizioni campagnole fino ad un'ottantina di anni fa. Oggi più che mai sarebbe importante in ogni città o paese, ricreare questi "cerchi contenitori", con lo scopo di sostenere, educare, condividere e così anche rivalutare il ruolo delle donne più anziane, "le sagge", che davano consigli. Invece di essere escluse dalla società, viste alle volte come un rifiuto, che non serve a nulla, possono rientrare ad essere parte integrante di un processo che dovrebbe valorizzare la vecchiaia, come fonte di saggezza.

Come la luna piena, la donna può realizzarsi al massimo, nel momento della maturità per poi andare ad elargire il suo sapere alle giovani donne e uomini educandoli alla vita.

Oggi i giovani, sia donne che uomini, si sentono allo sbaraglio senza modelli di riferimento validi in cui possano rispecchiarsi, proprio perché mancano sia questi nuclei educativi che i veri eroi con valori etici importanti, di riferimento, da imitare. Un tempo i famosi riti di iniziazione svolgevano questa funzione, avviando il ragazzo ad un processo di maturazione, di responsabilità, educandolo dal latino *"educere"* cioè "tirar fuori" quello che c'è dentro. Educarli a trovare il meglio di sé ed al senso del limite.

Ricordo di un ragazzo a scuola, che un giorno mi disse sorridendo: *"ma tu sei severa"* ed io provocandolo per farlo pensare con la propria testa gli risposi "ah si? cavoli! É una cosa brutta mannaggia!" Lui sorpreso: *"ma che dici maestra della natura"* - in tono confidenziale - *"è una cosa bellissima quello che stai facendo e come lo stai facendo"* Perché?" Gli risposi io (ero curiosa di sentire cosa rispondesse). E lui: *"Sai, i nostri genitori ci fanno fare tutto quello che vogliamo viziandoci, così, noi cresciamo senza conoscere quale siano i nostri limiti, con la conseguenza che non riusciamo, così, a sviluppare il senso di responsabilità"*. Mi girai verso l'insegnante, i nostri sguardi si incrociarono. Non potevamo credere a quello che avevamo sentito. Wow! Che meraviglia di ragazzi che avevamo intorno e non ce ne rendevamo conto!

Sia a scuola che quando faccio vivere i miei seminari esperienziali in natura, uso spesso la modalità del cerchio e devo dire che funziona alla grande. Si instaura un senso di comunità e fratellanza notevole, oltre a farci comunicare in maniera ecologica educandoci all'ascolto reciproco, integrando i diversi punti di vista.

Tutto ciò non vuole escludere l'uomo, anzi, nel gruppo tutti rientriamo nel grande cerchio dei cerchi dove ogni mattina ed ogni sera ci sintonizziamo sulle frequenze di noi stessi e della natura splendida che ci avvolge, nutrendoci l'anima. È proprio la relazione con la natura che ci permette di reintegrare tutti quegli aspetti che l'uomo ha assopito nel corso dei secoli, impegnato com'è a correre in continuazione per la sua sopravvivenza.

Purtroppo oggi come oggi, tutto ciò non è prerogativa solo

dell'uomo ma interessa anche la donna, che si ritrova ugualmente costretta ad imitare comportamenti dettati da uno stile di vita pioneristico, occidentale, consumistico, assoggettato all'inquisizione". Anche lei ha seppellito quello che l'anima da sempre richiede di esplorare: "Il magico universo del sentire".

Sentire

Quando superiamo ciò che ci ha reso insensibili torniamo a sentire la vita. Quando impariamo a sentire veramente possiamo guarire

"Jamie sans".

Per dimensione del sentire, intendo quella che ti permette di entrare sempre più in profondità nel tuo mondo interiore e di allargare così l'universo di senso arricchendolo di sfumature, di significati che colorano il nostro mondo oramai incupito da una percezione e visione della realtà quasi sempre in bianco e nero.

Le danze guaritrici

Una volta nei tempi antichi c'erano pratiche, anche qui in Italia, per guarire queste patologie o per lo meno prevenirle. Ti ricordi delle tarante? É un ballo che esorcizza, capace di liberare dal male oscuro che aleggiava in un clima costrittivo dove padri e mariti, dominavano la scena soprattutto in meridione fino ad i primi del '900. C'era la ronda formata dai membri della comunità che si univa in cerchio e suonava con i tamburi o strumenti simili per giorni interi, finché la malata danzatrice, nel centro, sfinita ritornava a nuova vita.

Per un po' aveva liberato energie in eccesso, dovute all'accumulo di tensione che la teneva prigioniera in una vita castrata dalla continua sottomissione per la non espressione di sé stessa o per dover fingere continuamente quello che non era. Alla fine davano di matto e si diceva venissero pizzicate dalla tarantola.

Oggi in via di estinzione la si balla snaturandola del suo vero significato e funzione. Terapie comunque funzionanti per l'epoca dove non potevi far altrimenti. Ma oggi cosa è cambiato? Quali sono le terapie per evitare che il male si insinui sotto le lenzuola?

Mio caro lettore, te le farò vedere man mano che proseguiremo nel nostro viaggio di consapevolezza insieme sai quanto avrei pagato per conoscerle prima ed evitare così tanto dolore e sofferenza? Ora si, ho preso consapevolezza, ma sai quanto mi ci è voluto? Anni ed anni di studio, di esperienze di viaggi, di ricerche, di insegnamenti, per poter comprendere, decifrare e così estrarre il bello da tutte queste storie in apparenza dolorose e distruttive. Sì, ne sono venuta fuori egregiamente, anche grazie a due parole chiave che come ti dicevo hanno segnato inesorabilmente la mia vita: amore e natura.

Queste due parole mi hanno fatto vedere come le stesse fossero servite a farmi crescere insegnandomi la capacità di perdonare e sublimare senza le quali ora come ora non sarei qui a raccontare come formatrice *"ecospiritual natural coach"*. Se non avessi vissuto personalmente il dolore non l'avrei compreso così fino in fondo per poter ora portarti la cura. Prima di inoltrarci in un luogo un po' particolare a scoprire alcuni dei segreti di questi percorsi di armonizzazione, ti vorrei spiegare quali sono stati i risvolti positivi che ora a distanza di anni, e con questa consapevolezza riesco, a vedere in tutti questi momenti di crisi e come il dolore possa essere riuscito a trasformarsi in un'impensabile risorsa. Ti faccio alcuni esempi.

Trasformare episodi negativi in risorsa

Se avessi avuto un figlio, oppure se fossi rimasta intrappolata in quelle relazioni malate, a quest'ora non avrei fatto tutto il cammino di crescita spirituale fatto finora. Non avrei potuto girare il mondo, conoscere gente, formarmi in più direzioni in apparenza lontane ma tutte collegate dal filo conduttore dell' etica dell' amore e BEN-ESSERE a 360° arte terapie naturali, alimentazione sana, erbe officinali yoga, il massaggio, l'educare i bambini in maniera alternativa con l'educazione ambientale fino a specializzarmi nell' arte Tantrika dell' armonia di coppia, sono solo alcune, delle conoscenze acquisite in questi anni, se non avessi avuto il coraggio di abbandonare la zona di confort non avrei potuto integrare tutti questi saperi ed ampliare così la mia consapevolezza , non avrei potuto vivere una vita colma di colpi di scena fuori dall'ordinario, dedicata agli altri, all'umanità, dove ho inseguito sogni riuscendo a trasformarli in realtà. Dove mi sono rafforzata interiormente, lavorando per ricucire quelli che erano i frammenti perduti della mia anima.

Ho lavorato su di me per trovare i miei talenti e trasformarli in opportunità, in risorse lavorative, strumenti di una maga che è riuscita a crearsi la propria realtà. Come? Una volta arrivata nelle Marche iniziai come guida escursionistica, poi ebbi l'occasione di entrare nelle scuole come educatrice all'ambiente materializzando con anni di formazione pedagogica all' avanguardia il mio antico sogno di diventare maestra della natura e conducendo per 20 anni percorsi e campi WWF come responsabile. Mi specializzai nel settore educazione con gli adolescenti per poi ampliare il tutto con pratiche della sfera Spirituale in genere, (che mi ha sempre interessata e coinvolta fin dalla più tenera età con le mie doti di sensitiva (ricordo che già a 12 anni prima che iniziassero le mie vicende traumatiche, scrivevo avevo spiccate intuizioni e leggevo una decina di libri al giorno di saggezza e spiritualità).

Cosi ho finito per integrare la meditazione in ogni sfera della vita quotidiana in ogni azione (per me ora lo yoga non e solo stare seduta a gambe incrociate ma anche il semplice atto del mangiare o fare le pulizie di casa, può diventare meditativo) ed grazie all'ampliamento della consapevolezza la mia visione si è allargata fino a comprendere ed unire la scienza della natura con l' educazione e il mondo spirituale e a portare il messaggio anche tra gli adulti con seminari percorsi esperenziali di crescita personale veri e propri viaggi mistici di connessione e risveglio Tantriko.

Ti devo dire che ora sono veramente soddisfatta di vivere così. Ho scoperto come assaporare la vita, come poterla inventare a piacimento. Come essere felice, come mantenermi in forma perfetta a cinquanta anni, come rafforzare le mie difese umanitarie, come consolare un'amica, come stare bene sia da sola che con il partner o con un gruppo, con la natura intorno a noi.

Ora per me è importante trasmettere tutto ciò per aiutare a trasformare ispirare, far sentire piuttosto che razionalizzare. Abbiamo bisogno di sentirci vivi. I nostri sensi si stanno addormentando…senti la mia passione quando parlo? Sai come e da dove mi è nata? Da quell'antica sfida con il mio ex compagno quando mi diceva: *"Che vuoi fare tu? Vuoi cambiare il mondo?"* mentre mi stavo innamorando della mia grande amica, insegnante" Guru "Madre Natura.

Se fossi rimasta con lui, con il suo giudizio, con le sue critiche, con il suo modo di sottovalutare, non sarei stata quella che sono ora. Se avessi continuato la storia con l'affascinante uomo dalle mille ed una notte, a quest'ora presa dalla passione travolgente, ci avrei rimesso sicuramente le penne e poi non sarei partita per il Perù. Non avrei immaginato un altro mondo, non avrei avuto quella visione, non sarei cresciuta.

Se fossi rimasta, a quest'ora, con il mio ex amore più giovane forse avrei riempito il mio luogo nel bosco di *fricchettoni* o forse non avrei continuato a divulgare il messaggio, ad aprire le coscienze, a portare luce. Quando ci siamo lasciati, per qualche anno, dal dolore, non volevo più saperne del mio progetto di eco villaggio spirituale. Ma ebbi la forza di proseguire, trasformando quel luogo, nel bosco, in un luogo di formazione, la *"Scuola dell'Armonia"*, dove per incanto tutto incominciò a manifestarsi in maniera talmente sincronica che non potetti fare a meno di comprendere che ero sulla strada giusta.

Ora è proprio qui che tengo i miei corsi per trasmettere tutti i segreti di una sana armonia. In generale qui si impara a suonare la melodia universale.

Ecco come vedi dall'inizio dei miei racconti, da quella che in apparenza poteva essere un'esperienza catastrofica, dove mi sembrava di aver perso tutti i miei riferimenti stabili, dove non vedevo via di uscita, nella quale mi chiedevo dove avrei mai recuperato il denaro per ricostruire l'antico Borghetto, sono riuscita a cogliere quello che di utile potesse regalare ogni esperienza, anche la più dolorosa, come la perdita di un figlio.

Bastava un attimo che mi sarei tolta la vita. Un attimo durante il quale, qualcuno dei miei pretendenti poteva farmi fuori. Ho resistito, affermato me stessa nonostante tutto, grazie al sogno della riconnessione con la mia più grande maestra *madre natura* (che a vedere bene è anche la riconnessione con me stessa) ed allo strumento preziosissimo del perdono dato dalla presa di consapevolezza, maturata negli anni, attraverso la meditazione e le esperienze di vita significative con le quali ho imparato la capacità di analisi e rimessa in discussione dei miei limiti e difetti.

Invito ora tutti, ragazzi e ragazze, a non scoraggiarsi. La vita ogni giorno volta pagina e non sai mai che sorprese ti riserverà. Se fossi morta a 17 anni non avrei mai potuto trasmettere quei valori di rispetto e sacralità ecologici di cui mi faccio paladina, da più di 20 anni, a questa parte, insegnando come ti ho accennato sopra a tutti quei bimbi e non solo. É così che ho imparato a vedere tutti come una grande famiglia, dove i figli degli altri erano e sono anche i miei.

La mia vita è letteralmente cambiata confidando nell'universo. Ed il dott. Jekyll e mister Hyde? Tu mi dirai, cosa ti hanno insegnato? Ti confido che di quella storia mi è stato un po' difficile trovarne il risvolto positivo. Di certo, ora si può tradurre in forza, caro mio lettore

Tutto è servito a rafforzarmi interiormente, a capire chi sono, i miei limiti, le mie debolezze, le mie risorse. É stata anche per me una prova sciamanica. Volevo capire l'animo umano, andare fino in fondo alla malattia. Volevo tirare fuori da lui la parte migliore. Così sai cosa ho imparato a fare? Esorcismi. Ma come? Che centra l'esorcismo? Tu mi dirai... E si, scusami tanto ma non stiamo parlando di "inquisizione"? Questa credimi era una vera persecuzione, una continua lotta faccia a faccia con il "diavolo" fino a comprendere dove e come si insinuava nel profondo della nostra psiche. E se si fosse trattato di qualche forma di entità che si insinuava tra di noi? Scoprii anche questo.

Mi specializzai in sciamanesimo, ad alti livelli, dove per sciamanesimo si intende: ristabilire quel contatto profondo che abbiamo con il divino dentro e fuori di noi, guarire l'anima dalla frammentazione dovuta ai traumi dolorosi subiti, nel passato, comprese le vite precedenti.

Bisognava a tutti costi curare l'essere umano iniziando appunto da sé stessi, dalla frammentazione del proprio animo per evitare conseguenze dannose, che portano a sperimentare un senso di dissociazione fuori dalla realtà, come la mancanza del senso del limite e di conseguenza la non responsabilità delle proprie azioni, incoerenza. Tutti fattori che si sarebbero riversati a macchia d'olio, come quei sassi gettati nel lago le cui onde vanno a farsi sentire tutt'intorno fino a creare effetti sull'acqua. Cause che generano effetti. Mancanze di irresponsabilità, ego sfrenato, indifferenza, apatia, deviazioni, manipolazioni, distorsioni concettuali, vizi, droghe, alcool, corruzione, competizione, pigrizia. Ecco i mali! Gli stessi mali che nei secoli dei secoli agivano subdoli fino a contaminare l'ambiente in cui sui viveva.

Ecco come agiva "l'inquisizione". Inquinava il nostro animo e così le relazioni. Era lei con il suo motto *"dividi ed impera"* a rendere i legami deboli, non costruttivi. Era lei ad aver fatto un patto con chi deteneva il potere per dominarci a livello esistenziale. Quello che si viveva in camera da letto era un grandissimo specchio, riflesso di una manipolazione globale.

Quante vittime innocenti sia uomini che donne di una voluta ignoranza dilagante. E si, lo sai perché? Se l'uomo e la donna si uniscono stanno bene insieme, sono una forza che spacca il mondo. Sono il simbolo dell'integrità. Una forza magica che ha il potere di cambiare il mondo e se tante coppie sane, come cellule sane nel nostro corpo, si uniscono alle altre sane, tutto il male può guarire, come un antidoto l'umanità, per portare avanti quel sogno comune di armonia e felicità, di cui ti parlavo all'inizio del libro.

Purtroppo oggi assistiamo ad un dilagante senso di

frammentazione, una frammentazione che ha origine nell'animo. Una frammentazione della società dovuta ad ideologie, differenti visioni divergenti dovute al *follow* di religioni in opposizione tra di loro che non riescono a trovare (o che non vogliono trovare) il nesso comune dell'amore (energia di unione in contrapposizione con il diavolo, energia di separazione).

Chi si schiera da una parte, chi dall'altra, in tutti gli ambiti nella vita: dalla politica alle religioni, ai gruppi etnici, al mondo dell'alimentazione dove, per esempio, assistiamo al sempre crescente numero di gruppi che invadono il web, dei vegani, dei vegetariani, dei carnivori, dei fruttiferi. Ognuno in opposizione all'altro, creando a volte vere e proprie forme di razzismo moderno che vanno ad alimentare sempre più quelle che sono le differenze che andrebbero raccolte tutte nell'integrazione di una visione unica. Una visione unica universale dal latino *"universus"* (da "unus" = uno "versus"= volto) che va nello stesso verso.

Un principio valido per tutta l'umanità intera (*il principio di integrità dell'essere*). Una realtà che va al di sopra, oltre. Che trascende, che ha il potere di elevare l'essere umano, evolvendo quelle che sono le sue potenzialità intrinseche, racchiuse in quell'80% che si dice essere non utilizzato.

Senza una visione comunitaria etica, un principio valido per tutta l'umanità intera, assistiamo al delirio alla follia quotidiana con tutte le sue più assurde e paradossali deviazioni patologiche della realtà. Il mio lavoro, ora nella scuola dell'armonia, è quello di ripristinare questo equilibrio con i miei programmi di guarigione multidimensionali a più livelli.

In questi anni, il mio lavoro è stato quello di portare questa consapevolezza comune verso una direzione di ben-essere, olistico la cosiddetta *ecologia spirituale sostenibile*. Verso una visione che ci accomuna tutti quanti nel profondo, una nuova era che contempli una religione universale, quella della natura *madre terra*, la *dea madre*, l'unica capace di farci ritrovare la nostra vera natura, quella di riattivare in noi quegli equilibri tra maschile e femminile, con gli elementi: terra, acqua, fuoco, aria ed i valori perduti ancestrali.

Il contatto profondo con la bellezza della natura selvaggia che si riflette inevitabilmente sulla nostra anima equilibrandola, guarendola, ci appartiene da sempre anche se l'era tecnologica, l'industrializzazione, "l'inquisizione", ci hanno strappato via immergendoci in un universo virtuale alienante e pericoloso. É importante ritrovare questa consapevolezza. È importante risvegliarci. Ma come fare ora te lo spiego. Lascia che ti mostri una cosa.

Nel viaggio tra le streghe

Tutto intorno vedo fiamme che mi avvolgono mentre una musica assordante, una specie di rock sinfonico, mi stordisce. Di colpo sembra arrivare da non so quale luogo lontano ad illuminare la scena. Sento urla disperate arrivare da ogni dove. Sembrano donne. Non le vedo. Davanti ai miei occhi solo rosso in movimento. Strananente non ho nessun sentimento ma qualcosa mi dice che si tratta di altre come me che stanno per venire bruciate al rogo.

Non so quante eravamo… non potevo più vedere ormai. Ad un tratto la musica cambiò e mi sentii trascinare in un vortice velocissimo, un viaggio intergalattico nel buio dello spazio siderale dove comunque sentivo di esserci con la mente. Dov'ero capitata?

Era come se fossi morta e viva nello stesso tempo. Avevo fatto un viaggio fino all'utero materno dove mi trovavo. Ora non ti so dire quanto tempo sia passato... ma lì nell'utero percepivo immagini vaghe, come di fango a trascinarmi sul selciato con brandelli di vesti, quasi che sentivo l'odore, mentre goccioline vere di pioggia andavano a toccare le mie mani. Anche se eravamo al chiuso sapevo di essere partecipe di un esperimento multidimensionale all'avanguardia ma in contemporanea avevo queste visioni frammentate non chiare.

Un susseguirsi di immagini, come di vite precedenti, accavallate. La musica continuava ad evocare ricordi, a volte era tetra, a volte allegra, come di bande in una piazza dal campanile ridondante. Avevo chiesto un indizio all'universo ed ora mi stava parlando dal profondo del mio essere in connessione. Tutto ora era molto chiaro, sapevo dove mi sarei diretta. Proprio qui dove sono ora, a parlare con te di me, di te, di loro, di tutte le donne e della relazione sacra che ci unisce alla madre terra.

Il viaggio multidimensionale che avevo vissuto, risvegliò in me la voglia di riscatto, il riscatto per il dolore subìto da tutte quelle vittime di una strage innocente. Non era cambiato nulla, da quel tempo, anche se non se ne sente più parlare, se ci fai caso, lei continua ad agire subdolamente nel nostro inconscio, nel nostro DNA, affacciandosi come un incubo anche tra le lenzuola per non farci vivere serenamente i nostri rapporti.

Non sto parlando solo di rapporti sessuali ma soprattutto relazionali, in genere, da cui possono scaturire di riflesso anche le problematiche della sfera sessuale. A furia di ascoltare storie dei miei clienti, delle mie amiche, dei miei allievi, da trenta anni a questa parte mi rendo conto che le dinamiche sono sempre le stesse e che l'origine è comune ed atavica, infatti.

La violenza sulle donne ha radici culturali molto antiche

Ti faccio un breve accenno sulle radici culturali patriarcali su cui "l'inquisizione" basa il proprio principio. Pensa che ho trovato un articolo, solo poco tempo fa, che raccontava che nella antica Roma si esercitava un controllo assoluto sulla sessualità delle donne, le quali dovevano essere necessariamente fedeli e pudiche, con il rischio di venire lasciate morire di inedia o addirittura murate vive se ciò non veniva rispettato.

Il capo famiglia era una figura prepotente che considerava la donna un proprio possesso, di conseguenza poteva fare di lei quello che desiderava (d'altronde anche il padre in precedenza decideva per le figlie, sia quando sia con chi farle sposare). Eva Cantarella, la storica del diritto antico, in uno dei suoi libri nomina i maggiori filosofi antichi quali: Platone ed Aristotele, dimostrando come fosse radicato persino in loro il pensiero della misoginia, riconoscendo alla donna tutt'al più una funzione materiale nella riproduzione.

Lo stesso padre famiglia si accaparrava il diritto di abbandonare i cosi detti "neonati in eccesso". Insomma, le donne non avevano nessuna facoltà di scelta e non venivano riconosciute nella loro identità. In Grecia le donne riuscirono ad ottenere un certo grado di emancipazione. Furono capaci di protestare contro quelle misure legislative ingiuste, tipo la *Lex Iulia de adulteriis*, che nel caso di stupro o adulterio, prevedeva fosse istituito un processo contro la moglie infedele ed i complici.

Per quanto avessero conquistato alcuni diritti, rimaneva il fatto che persino le donne considerate "per bene" non possedevano neanche un nome proprio. Da non credere col senno di poi...Ma nella storia non è sempre stato così. Se andiamo ancora più indietro nel tempo, troviamo capitoli di storia completamente cancellati, migliaia di anni insabbiati, forse volutamente... chissà...

Fu nelle culture preistoriche che la donna venne rispettata ed onorata. Qui vi era unione culturale ed ideale tra i due sessi. Recentemente mi sono recata a Malta dove mi sono sintonizzata energeticamente con i templi dedicati alla dea Madre, nei quali la donna aveva un ruolo significativo all'interno della società.

Le numerose statuette ritrovate tra cui la Venere di Malta, la dormiente, ed il fatto di non aver ritrovato nessuna arma, fanno chiaramente notare che si trattò di una società pacifica dove all'inizio la donna veniva vista come una vera e propria divinità generatrice di vita.

É nelle *società Gilaniche* che si ha un ottimo esempio di civiltà armoniosa. Guardiamo ora l'etimologia del termine che deriva da "*Gilan*", coniato dall'archeologa Marija Gimbutas, che deriva dall'unione di "*gi*"+"*an*" abbreviazione del termine greco *Ginè* (donna) e *andros* (maschio), ma è la "*elle*" al centro delle due parole che fa la differenza. La "*elle*" assume un significato molto importante. Pensa che il segno fonetico greco *leyin/lyo* vuol dire "liberare" come ad indicare l'unione ideale e culturale tra i due sessi che nella pratica quotidiana si traduce in una civiltà non violenta, in cui uomini e donne hanno gli stessi diritti, con stili di vita rispettosi ed attenti a sé stessi, agli altri, alla natura.

Le *civiltà Gilaniche* abitavano quasi tutta Europa ed un po' dell'Asia tra il 7000 e il 3500 a.C. (prima ancora di essere soppiantate dal patriarcato). Civiltà autorganizzata, non violenta dove non vi era predominio di un sesso su un altro. Gli uomini e le donne avevano gli stessi diritti. Erano talmente evolute da non aver bisogno di governo, stato, eserciti. Il loro era un modello di politica, ottimo, tanto che anche Erich Fromm lo cita spesso nelle sue opere.

Presso questi popoli l'arte era fiorente e la gente in costante armonia con la natura. Nessuno aveva intenzione di nuocere o sottomettere. Niente ingiustizie, niente gerarchie. La capacità di autorganizzazione era tale da non generare mai caos o violenze, si celebrava la vita e quindi la forza. Gli strumenti di morte non erano contemplati.

La loro idea era che l'uomo nasceva anarchico, cooperativo, solidale, pacifico, vitale, libero. Come dargli torto? Se vedi bene in noi sono presenti tutti questi istinti e nessuno come diceva Diderot: *"ha ricevuto dalla natura il diritto di comandare sugli altri"*.

Il loro sistema culturale aveva prodotto le migliori espressioni sociali. Uno sviluppo sano sia nel campo della scienza che dell'architettura, arte, tecnologia, che erano rivolte al vero benessere personale e collettivo. Gli individui non erano visti come elementi dissociati ma come un tutt'uno collettivo.

Per cui, quando trovo qualcuno ancorato all'idea distorta secondo cui l'essere umano tende per natura ad essere malvagio, dominatore, incapace di auto-organizzarsi, gli riporto questi esempi. E sai quando queste fiorenti civiltà scomparvero? Quando furono soppiantate dai *Kurgan*, i capostipiti del sistema statale in cui noi ora ci troviamo a vivere.

La storia si ripete inesorabilmente. Tutto ciò mi ricorda lo sterminio delle sagge civiltà degli indiani d'America, oppure anche il genocidio degli Armeni (a cui sono legata con il mio cognome, ma questa è un'altra storia...). Guarda caso possiamo notare che le dinamiche di dominazione sono sempre quelle che si riflettono nel mondo ed in miniatura nelle nostre famiglie, fino ad arrivare alle lenzuola. Il tutto molto subdolamente, inconsciamente.

Molti di noi hanno conservato nel proprio inconscio delle impronte comportamentali, degli schemi culturali, tramandatici dalle porte del tempo che sottilmente ancora agiscono e che sono di fondamentale importanza. Ora il nostro compito è quello di andare ad individuare e curare, prendendone sempre più consapevolezza al fine di migliorare tutte le relazioni, riportando quell'ancestrale equilibrio di cui queste civiltà passate ci lasciano importanti testimonianze.

Tali testimonianze vanno a convalidare l'intuito profondo che risuona in noi, come una cassa di risonanza, con il nostro sogno comune di felicità e libertà.

Capitolo 3:
Il rapporto tra la donna e madre terra

Come abbiamo visto dalla storia, il rapporto simbolico tra la donna e la madre terra è molto antico. Prova a pensare al ventre sacro che nel buio delle sue profondità, accoglie e nutre, il seme, o alla grazia, bellezza, sensualità con la quale essa si manifesta, in molti quadri di artisti o sculture famose tipo la "Venere" di Botticelli o la "Venere" di Malta.

Possiamo vedere questa corrispondenza anche nei tarocchi, nella carta della stella, dove i paesaggi si fondono a volte con il corpo della donna, generatrice di vita ma anche simbolo della natura selvaggia, dell'anima racchiusa in ognuno di noi, dal quale l'uomo addomesticato spesso rifugge. Questi scappa con la coda tra le gambe, per paura di mettersi a confronto con sé stesso, facendo riaffiorare il conflitto tra la maschera e la natura profonda del suo eco.

Ed è proprio dall'immagine riflessa (è così che la donna ogni volta gli si presenta) che lui avrebbe da imparare molto, se solo restasse lì. Se solo fosse capace di ascoltare, di ascoltarsi, di ascoltare il suo mondo interiore con tutte le sue emozioni, sensazioni, ed intuito profondo, tutto sarebbe diverso. Molti mali sarebbero evitati, così come i disastri sul pianeta, in continua infinita corrispondenza.

Infatti se guardiamo bene tutto ciò che l'uomo fa alla donna lo fa anche a madre terra ed a sé stesso, (ora ti apro una parentesi su quello che stiamo procurando al pianeta terra, la nostra casa comune, giusto per avere una panoramica di fondo), notiamo come la natura sia lo specchio di noi stessi. Quello che succede a lei, ben presto capita a noi esseri umani e viceversa. Per cui non siamo la stessa cosa, sia uomini che donne?

La terra viene avvelenata da concimi chimici, pesticidi, rifiuti, polveri sottili, gas di scarico, scorie radioattive, scie chimiche e di conseguenza a livello fisico anche i nostri corpi vengono avvelenati con quello che mangiamo, respiriamo, esponendoci maggiormente alle più disparate malattie. A livello emozionale siamo continuamente bombardati da notizie, pensieri, situazioni, emozioni, violenze, attacchi verbali, immagini della "bruttezza" che non fanno altro che renderci sempre più insensibili o incapaci di gestire le nostre emozioni.

A livello psicologico siamo bombardati da una miriade di informazioni che sfrecciano a tempo della luce, provenienti da infinite fonti, che ci propinano ogni sorta di idee, di cose, che non fanno altro che riempirci il cervello con troppe nozioni che non siamo, poi, in grado di assimilare. Tutto ciò appesantisce ed influenza la nostra mente al punto tale di non essere più in grado di pensare autonomamente.

Come la terra viene svuotata delle sue risorse, anche noi veniamo svuotati sia di energie preziose, per vivere, che di contenuti spirituali simbolici capaci di nutrire l'anima, dal momento che ci dedichiamo ad altro all'infuori di noi, finiamo con il sentirci sempre stanchi.

Nel frattempo il nulla avanza per erodere sempre più i territori della natura, dove gli animali e le piante non hanno più modo di riprodursi, con lo scopo di disequilibrare tutto il delicato e complesso ecosistema del quale anche noi facciamo parte (con la funzione ben precisa di equilibratori dello stesso).

Il vuoto interiore si fa strada, anch'esso per rendere le nostre vite sempre più mediocri, alienate, svuotate di quei valori, che rendevano sacra l'esistenza, e colme di incomunicabilità, senza quell'intensità del sentire che rendeva ogni giorno degno di essere vissuto.

Come la natura sta perdendo le sue fasi stagionali, surriscaldandosi, anche noi siamo sempre fuori ritmo, stressati dalla corsa contro il vento di una vita passata a rincorrere il nulla ed alterati dalla pressione che lo stress ci provoca. La natura, gli animali e le piante sono stati addomesticati così anche noi subiamo l'influsso dei condizionamenti indotti fin dall'infanzia e come dei polli di allevamento, non facciamo che vivere la nostra esistenza d'aquila, dentro delle gabbie dorate.

L'omologazione sta impoverendo la biodiversità con le sue rarità floristiche e faunistiche ed anche noi stiamo perdendo la nostra unicità, individualità, per uniformarci alla massa come pecorelle tutte uguali vestite di nero o grigio. Gli esperimenti di modifica genetica probabilmente hanno modificato anche i nostri DNA dai loro codici originali... chi lo sa...

Come puoi vedere anche tu, le corrispondenze sono molto evidenti e forti. Avevano proprio ragione gli indiani d'America: *"se sputi sulla terra, sputi su te stesso"* dicevano *"se amerai te stesso, amerai anche la terra/donna. Come tratti lei così sarai trattato"*.

É importante eliminare, sempre più, i fattori rischio dalla nostra vita magari cambiando letteralmente stile di vita o aggiustando il tiro delle proprie scelte e comportamenti. Vedremo in altri contesti come proteggerci ed in che modo prevenire le malattie. Ma non si tratta solo di quello. Non è che dobbiamo passare tutta la vita a difenderci!

Sarebbe bello avere la forza di creare un altro modello di vita, dove l'armonia regna in tutti i suoi aspetti: dall'aspetto economico a quello sociale, come già altre società prima della nostra, ora scomparse, erano solite adottare: tipo il modello delle società *gilaniche* o quello degli indiani d'America, dove il concetto di fusione con il mondo naturale era preponderante.

L'atteggiamento dell'uomo, come puoi vedere, è lo stesso sia che si approcci alla natura sia che si approcci alla donna. In generale è il modo con cui si relaziona con tutti gli esseri, il pianeta e la donna che non è corretto, perché presuppone mancanza di rispetto, competitività all'origine, senso di supremazia, come quello che segnò l'origine del patriarcato (di cui parlo sopra) e che ci parla di ego.

Non si può trattare la terra come qualcosa che può essere venduto, come fossero perline colorate. Come dicevano gli indiani d'America: *"non si può non avere rispetto del proprio corpo, senza sapere cosa significa la parola cura"*. Il problema è che non c'è più dialogo tra i due mondi: uomo/natura, uomo/donna.

Il rapporto è caratterizzato da una mancanza di condivisione dei mondi interiori, dato da un approccio all'esistenza per molti uomini superficiale (e con questo non voglio generalizzare) che la donna per sua natura ogni volta tenta di colmare, parlando, andando più a fondo nei discorsi, cercando di chiarire quello che il pensiero lineare di molti uomini (ed oggi anche delle stesse donne) non riesce a fare (bisognerebbe insegnare nelle scuole a ragionare in maniera sistemica olistica anziché lineare come anche l' esplorazione più profonda dei mondi interiori e le modalità sane di comunicare).

Così se l'uomo non conosce a fondo la sua donna, non riuscirà a tenersela per molto tempo. Questo è poco ma sicuro! Se poi continuerà ad avere atteggiamenti consumistici, sia sul pianeta che con la donna, la sua vita sarà sempre mediocre e vuota. Non occorre continuare a riempirsi di cose e donne per colmare il vuoto esistenziale. Ecco. È li che la poesia, l'arte, la magia, il senso di meraviglia e della bellezza, i sensi, il piacere, la sacralità, il mondo delle emozioni e percezioni altre, diventano aspetti da recuperare perché sono quegli aspetti dell'anima che abbiamo trascurato per molto tempo.

Questi non sono prerogativa solo degli artisti come erroneamente ci hanno fatto pensare, ma di tutti quanti senza i quali la nostra vita non sarebbe completa. Se non contempliamo questi aspetti di noi tutto ci apparirà sterile, senza senso.

Dobbiamo iniziare a nutrire l'anima

Allora caro lettore, che tu sia maschio o femmina non importa. Incomincia ad aprire i sensi ed a nutrire l'essere, perché è quello di cui ora abbiamo bisogno. Non più dell'avere o dell'apparire solamente. E come? Il Tantra vero come l'intendo io É la via che meglio si addice ad integrare questi aspetti dal momento che riguardano la sessualità in senso lato, l'energia potente con la quale l'uomo entra in relazione più facilmente, quella che lo interessa più personalmente. Allora iniziamo da qui a correggere le relazioni malate dal capire come funziona questa forza straordinaria in noi e fuori di noi. Tutto ciò è magia.

Da quando ho intrapreso questa via insieme alla riconnessione con madre terra natura, ho ritrovato la mia sensualità, il mio valore, la corrispondenza con il potere della natura selvaggia dentro di me e gli uomini di un certo tipo non hanno più paura di me. Ora sono diventata la loro insegnante, la dea nel percorso tantrico (che ho personalizzato e chiamato Natural Mente Tantrika integrando lo sciamanesimo al tantra yoga). L'uomo, incomincia a vedere la donna/madre terra come una dea consapevole della sua bellezza, sia interiore che esteriore.

Avrà un approccio più sacro nei suoi confronti. Imparerà a conoscerla immergendosi in essa, ad avere un atteggiamento più sacro all'esistenza in genere. Sarà in grado di aprirsi al suo stesso mondo interiore, fino ad inoltrarsi nei territori dell'anima di cui la natura selvaggia ne è un riflesso.

Imparerà a ritagliarsi spazi di ascolto nel silenzio, ad avvicinarsi a lei in segno di riverenza, onorando la sua sacralità e la donna dal suo canto prenderà più coscienza della sua natura e si farà rispettare. Incomincerà anche lei a rispettare ed onorare colui che gli starà davanti.

Gli insegnamenti che dall'ego vanno all'eco, sono rivolti ad entrambi i sessi, per il quale lo stesso percorso agisce, perché come ti dicevo all'inizio, anche molte donne oggi come oggi, hanno lo stesso approccio consumistico o non rispettoso nei confronti della vita.

Non voglio assolutamente mettermi contro nessuna delle due energie ma eliminare l'aspetto egoistico dell'inquisizione, che può essere sia maschio che femmina, e l'energia egoistica di separazione in contrapposizione a quella amorevole di unione. Questo risulta essere uno dei più interessanti percorsi spirituali nella materia, perché non si tratta di vedere ciò che sta fuori di noi, ma il nostro corpo che diventa tempio sacro dell'anima, su cui andare a scoprire, esplorare, le manifestazioni dell'esistenza in relazione alla natura intorno.

Capitolo 4:
Come armonizzare le relazioni

La dea madre ed il femminile/maschile sacro erano le espressioni di queste società evolute, dove l'ideale era appunto il miglioramento sociale all'insegna della vera libertà che risulta tale, quando tutti quanti sono liberi cioè non posso essere veramente felici se non lo è anche l'altro.

Come diceva anche Bakunin: *"Non posso essere completamente libero, fintanto che gli altri non lo sono completamente"*.

Da quando ho avuto il coraggio di cambiare vita dedicandomi alla causa profonda dell'ecologia ed alla protezione della natura, volevo creare un luogo per vivere la libertà insieme agli altri. D'altronde sono stata un essere sempre libero. Ho lottato per anni ed anni per mantenere questa posizione cercando di liberare anche gli altri.

Così dopo aver chiesto all'universo, l'occasione non tardò a manifestarsi ed acquistai un antico borghetto con dei ruderi e sei ettari di terra per poter iniziare il sogno. Coincidenza volle che nei pressi della mia casa, nel bosco, dove successivamente ho fondato la scuola dell'armonia, nella foresta sacra, ci fosse stato anticamente un santuario pagano dedicato alla dea madre, con una madonna nera. In seguito fu eretta una piccola chiesetta dei templari, imboscata.

Il luogo era alquanto misterioso, molto suggestivo. Con il passare degli anni, dopo che con ogni gruppo con cui facevamo i seminari succedeva qualcosa di particolare, ho potuto constatare che si trattava di un luogo altamente energetico, un vero e proprio portale mistico. La vallata fatta a forma di V sembrava un santo Graal. La chiesetta si trovava proprio al centro e racchiudeva una miriade di misteri.

Feci costruire un sentiero breve, per arrivarci dal bosco, che collegava questa al mio centro olistico. Intorno c'era una vasta gamma di sentieri fino a creare un labirinto dove perdersi e ritrovarsi. Ho intitolato ogni valle per creare un circuito di crescita mistica.

La storia di quel luogo era molto affascinante. Gli spiriti degli antenati mi hanno parlato ed io ora sono la custode dei segreti della valle dei templari. Guarda caso mi chiamo Maria Maddalena, a cui loro erano devoti, portando avanti quello che era il messaggio vero di Gesù Cristo e Maria Maddalena con le nozze mistiche.

Non è uno scherzo, credimi. Tutte le coincidenze sincroniche che mi legano a quel luogo le ho scoperte nel tempo, portando avanti tra le pieghe della storia quell'antidoto di verità attraverso i miei seminari di armonizzazione e riconnessione dell'energia maschile e femminile sacra, in cui man mano vengono svelati i segreti.

Ma una cosa adesso posso dirtela: sulla facciata della chiesa c'era un segno inconfondibile, e per chi sa leggere al di là delle apparenze, si trattava di una croce armena che indicava con le sue sei bugne il tempo della redenzione per l'avvento di una nuova era, quella nostra dell'acquario.

Solo il mio intuito profondo poteva portarmi in quel luogo a costruire un progetto di eco villaggio spirituale, dove immaginavo nuovi orizzonti di vita futura per la nuova era e dove pazientemente ricucivo i frammenti di un'anima desiderosa di riconnettersi con sé stessa e la natura intorno. Attraverso il mio programma innovativo, frutto di tutte le mie esperienze olistiche accumulate fino allora, i semi del futuro per le nuove generazioni si preparavano a germogliare.

È da diversi anni che mi sono avviata a questa trasformazione ancora prima di conoscere quel luogo, da quando ho avuto una visione chiara e limpida di come sarebbe dovuta essere impostata, in noi, l'umanità verso il cammino della libertà e felicità, nell'unione sacra dell'aspetto maschile e femminile.

In un primo momento era diventato il progetto del mio eco villaggio. C'erano tutti i presupposti per creare un modello di vita alternativo che contemplasse l'essere umano in armonia con sé stesso e la natura. Volevo fare come le società gileniche anche se il mio esempio era la cultura degli indiani d'America (ti sto parlando del 2006).

Mi iscrissi, così, alla rete degli eco-villaggi italiani. Molta gente mi venne a trovare, molti passarono di lì stufi del solito tran tran quotidiano e della follia dilagante, della burocrazia, dei rapporti umani fittizi. Molti si stavano risvegliando ma non sapevano come fare. Volevano scappare via da una vita che non era vita, dallo stress. Viaggiavano cercando un sogno. Il mio sogno era lì era insieme al loro, ma per arrivare a concretizzarlo ci voleva ben altro.

Mi accorsi ben presto che la gente riportava le stesse dinamiche comportamentali della propria vita quotidiana, a partire dalle stesse coppie. Cosa sarebbe cambiato? Non avrebbero fatto altro che trasferire il tutto nella natura e nel gruppo, con il rischio di amplificare le problematiche. Immagina che ulteriore perdita di tempo a litigare. No. Ci voleva ben altro…

Ci volevano dei percorsi di consapevolezza ed armonizzazione affinché imparassimo tutti di nuovo a stare insieme, a comunicare, rispettarci a vicenda, ad ascoltare senza parlare del fare. Molti non erano in grado di distinguere una melanzana da una zucchina, rallentando i tempi del lavoro con gli orti e non solo. Insomma c'era da ricominciare tutto da capo, nelle relazioni e con il lavoro.

Questo non era rivolto solo alla terra ma alla creazione di un circuito aziendale turistico formativo-educativo ecosostenibile, di cui mancavano le competenze. Tutto ciò lo vedevo riflesso anche in altre comunità che avevano già iniziato a sviluppare i progetti da tempo, dove magari erano più avanti nella parte pratica, nel vivere insieme, però c'erano sempre problemi che lasciavano il tempo al tempo ed in più molti non avevano il coraggio di cambiare.

E questo sai cosa vuol dire? Che non avevano il coraggio di cambiare per un ideale. Non avevano quella spinta dettata dal cuore, un po' come il significato della parola coraggio ci vuole far intendere infatti coraggio dal latino "cor Habeo" composto da cor - cordis e dal verbo Habere = avere cuore *"fare tutto con il cuore"*.

Così ho convertito il progetto, trasformandolo in scuola dell'Armonia, dove attraverso dei percorsi di consapevolezza integrati con diverse discipline, dalla comunicazione ecologica alla gestione dei conflitti, dall'alimentazione sana al tantra, all'eco sciamanesimo (inteso come religione della natura senza uso di sostanze allucinogene), al lavoro sui chakra. Si avviava un processo di cambiamento volto alla purificazione del corpo, mente, cuore e spirito, la purificazione dal famoso ego: "L'inquisizione".

Negli anni questi percorsi si sono dimostrati davvero molto efficaci ed ogni volta che li propongo lo faccio in maniera inedita. Le persone è come se entrassero in un film dinamico, giocoso e magico allo stesso tempo in cui loro stessi sono gli attori. La trama è già segnata in funzione di un programma di riconnessione educativo e di consapevolezza invisibile. Molti non sanno neanche di fare un percorso di consapevolezza.

Potrebbero sembrare delle eco vacanze ma dietro si nasconde un universo da scoprire, fatto di insegnamenti preziosi ed unici che difficilmente troverai da un'altra parte. Dietro ci sono io come un "registra" che non lascia nulla al caso, anche se poi lascio paradossalmente molto spazio all'improvvisazione che si manifesta attraverso anche allo strumento prezioso del gioco. Tutto per ritornare bambini e metterci in contatto profondo con la nostra anima selvaggia.

Lo scenario è la natura selvaggia con dei ruderi della casa nel bosco che risultano essere emblematici in funzione della destrutturazione delle abitudini, su cui guarda caso, andiamo a lavorare.

Una volta sciolto il ghiaccio, la gente si scrolla di dosso ad una ad una quelle che sono le maschere dell'ego. Inizia a scorgersi la luce negli occhi di ognuno ed il seminario procede sulle frequenze del cuore. É grazie a queste frequenze che riusciamo a sintonizzarci tra di noi, imparando a comunicare ecologicamente, a gestire i conflitti che non hanno neanche più modo di insorgere per poi sintonizzarci sulle meraviglie della natura con la sua magia. Impariamo, così, a leggere i messaggi simbolici degli animali e delle piante. E ti dirò di più, riusciamo anche a raggiungere stadi di coscienza alterati senza bisogno di stupefacenti, capaci di far emergere doti, visioni e talenti.

Più stiamo in quel portale mistico in mezzo alla magnificenza della natura selvaggia e più il programma di meditazione, un vero viaggio di purificazione mente, corpo e spirito, viene intensificato, riscontrando nell'arco degli anni, ogni volta, dei progressi per lo sviluppo di eccezionali qualità, come telepatia, chiaro-udienza, chiaroveggenza, visioni.

Man mano che passano i giorni, noi ci affiatiamo sempre più ed i miracoli accadono intorno e dentro a noi, trasformando per sempre la nostra vita. Così noi non siamo più gli stessi perché avremo acquisito la capacità importantissima di vedere le cose, situazioni, persone, sotto un altro punto di vista. Avremo acquisito la capacità di perdonare, di entrare in empatia con l'universo e di connetterci con la divinità.

In tutto ciò è la magia del "Natural Tantra" il più alto grado di spiritualità nella materia, dove la sacralità ed il piacere per la vita si manifestano in ogni azione della quotidianità, permeandone ogni aspetto dell'esistenza. Questo ti fa imparare a gustare la vita attimo per attimo, carpendone l'intensità e l'essenza.

Ti riporto di seguito quello che ha scritto un mio allievo questa estate dopo che è finita l'esperienza, per farti capire fino in fondo cosa si vive e come tu possa trovare quello che hai sempre cercato ma mai trovato in te stesso: la natura dello spirito selvaggio.

"La natura ti da la possibilità di spogliarti, di toglierti tutte quelle maschere che tu normalmente utilizzi nella vita di tutti i giorni. Ti permette di metterti a nudo, di ritrovare nella semplicità la verità dell'essenza di quello che la vita ti propone, infatti credo che in quella condizione, in quel contesto della scuola dell'armonia, la persona sia molto più ricettiva, più presente a sé stessa e l'ascolto sia molto più sentito. Poi indubbiamente utilizzare delle tecniche che ti permettono di entrare in sintonia, in simbiosi con quello che tu in quel momento vivi, probabilmente rende l'esperienza ancora più forte ed in effetti quel posto è un posto magico.

Puoi richiamare certe energie che poi entrando in risonanza con le nostre, risvegliano quelle parti di noi che sono assopite da tempo. Credo che siano uno degli aspetti che ognuno di noi desidera ritrovare in un momento come questo, dove mai come adesso ci siamo persi.

Questa voglia di trovarsi e ritrovare quelle parti di noi che risuonano con tutto quello che ci circonda, credo sia in assoluto la cosa più bella, anche perché in un mondo laddove il più delle volte noi non ci sentiamo veramente a casa, in quei momenti, ci sentiamo figli di madre terra e quindi ritroviamo anche questo contatto con il materno. Quell'accoglimento, quell'amore che ci nutre che nella vita di tutti i giorni è difficile ricreare e riproporre. Quindi un'esperienza del genere ti tocca nel profondo.

Io ringrazio le persone che hanno preso parte a questa esperienza tantrica, che credo sia stata arricchente e significativa per ognuno di noi e vi saluto e spero di rivedervi presto".

Intervento di L D (un mio allievo) agosto 2017

E Ora lascia che ti racconto questa storia significativa. E' molto divertente e senza la quale, forse non ci sarebbe stato questo libro, anche per farti comprendere come davvero i piccoli miracoli avvengono ogni giorno anche in situazioni e casi impensabili e come l'amore possa espandersi fino a comprendere l'universale.

Una volta venne da me un signore avrà avuto sulla cinquantina, era già il terzo anno di seguito che mi chiamava voleva partecipare ai miei eventi, dalla voce avevo intuito che era alquanto problematico e siccome il contesto risulta impegnativo per qualcuno dato che bisogna adattarsi, senza i confort ai quali siamo abituati e avendo sentito le lamentele sul suo stato di salute fisico riguardo la deambulazione delle ginocchia e capendo dietro la sua voce che c'era qualche disturbo di personalità, non. mi sentii gli anni prima di farlo partecipare per non mettere in difficoltà il gruppo che andava a passare quelle che all' origine si presentavano come eco vacanze full immersion con madre terra.

Ma quell' anno dopo diversi tentativi da parte sua che mi rassicuravano sulla sua salute, decisi di invitarlo a fare l'esperienza così arrivò dovevi vederlo, senza nulla, aveva in mano solo una piccola borsetta con una mutanda al suo interno.

Piero gli dissi: *"E la valigia?"dimenticata"* ? *Il sacco a pelo?*

*"Dimenticato "…*nulla era come mamma l'aveva fatto.

Cosi chiesi ad un ragazzo del gruppo che era venuto a vedere come lavoravo se poteva ospitarlo, lui disse di si ma nel suo sguardo si leggeva evidente repulsione per il soggetto che più lo vedevamo e più assumeva partenze "autistiche" l'avevo intuito ma che fare non farlo partecipare?

Dopo tutti quei tentativi poi, anche perché di "guarigione spirituale" si trattava e non potevo e volevo assolutamente escluderlo, d' altronde alle spalle avevo esperienza di educazione ambientale nelle scuole che prevedeva l'integrazione anche di bambini autistici, o con vari problemi di personalità. Avevo conseguito negli anni risultati notevoli, tanto che la mia allora collega aveva scritto un libro sul cambiamento e risultati positivi che avevamo ottenuto attraverso queste metodologie educative alternative. All'improvviso un urlo straziante accompagnato da un pianto sfrenato si fece strada... *"Aiuto!!! Aiutatemi!!! Non voglio stare qui, ho paura"*. Era evidente che era in preda al panico. Allora ci adoperammo io e la mia bravissima assistente a rendergli le cose più facili sistemandolo a dormire vicino a dove eravamo noi. Dovevi vedere come scendeva giù da quel sentiero, il primo giorno era letteralmente ingobbito con la testa giù, gli feci una foto a testimoniare che quella postura l'avrebbe persa di li "a poco e così davvero fu". Le ultime foto lo ritraggono con la schiena dritta e la testa in su" sguardo fiero e sicuro di sé stesso... allucinante da non credere, un cambiamento repentino avvenne nel giro davvero di pochi giorni, grazie ad una combinazione mista di elementi tra cui l'energia del luogo con il suo portale (che dopo molti episodi successi fuori dall' ordinario lo dichiararono mistico per eccellenza), sommata al programma con il metodo speciale che avevo perfezionato nel tempo.

Ma proseguiamo con la storia, non hai idea, di cosa abbiamo dovuto affrontare prima del suo graduale ma repentino processo di trasformazione. Insomma ogni volta che ci incamminavamo nei sentieri per fare pratiche di meditazione lui, vedendo quelli che ai suoi occhi cittadini erano degli strapiombi pericolosissimi urlava come un dannato, mettendosi le mani nei capelli che non aveva e senza che ci fosse una reale motivazione. Allora con amore e dedizione, la mia assistente si precipitò ad accompagnarlo per mano ed lui improvvisamente si calmò... Da quel momento ogni volta che era in crisi trovava immancabilmente anche il gruppo che nel frattempo si stava formando ad accoglierlo. Così incominciavamo a notare il suo viso rilassarsi, il suo cambiare espressione anche nei giorni che seguirono il sorriso gli riempì il viso, regalandogli un aspetto alquanto giocoso. Il bello è che man mano si affacciava in lui una sorta di autoironia a dimostrare l'intelligenza acuta che nascondeva dietro le apparenze.

Stava uscendo dal guscio della sua corazza protettiva. Addirittura partecipava alle proposte meditative in luoghi speciali come al fiume, dove la purificazione richiedeva l'immersione in acque limpide ma alquanto gelide, lui nel suo iniziale tentativo si immerse, stava pian piano superando i suoi limiti, mentre pensa un po' il famoso ragazzo che si dichiarava esperto in sciamanesimo che aveva fatto per 20 anni esperienza di quello che secondo lui era il vero sciamanesimo (cioè fumare marijuana). Eppure stava lì impalato senza avere il coraggio di superare le sue prove. Al rientro dall' esperienza… lo vedo è lui, Piero seduto sul divano "onirico" della casetta nel bosco con in mano la chitarra che inizia a strimpellare, ed il bello che era capace sia di cantare che di suonare. Il programma stava dando i suoi frutti immediati, miracolo dei miracoli, tutti a sentire le sue canzoni, l'atmosfera a quel punto si riempì di allegria che solo lui sapeva portare con la sua ironia… un'ironia stupefacente.

Un giorno mi disse proprio su quel divano, che avrebbe voluto far parte dell'ecovillaggio, però non sapeva come poteva essere utile ed io gli risposi: *"A far ridere la gente Piero, ti sembra poco?* E lui aggiunse con chiarezza allarmante: *"Mia cara maestra della natura, scrivi un libro su questo promesso?"*. Rimasi stupefatta dalla sua comprensione di tutto il percorso che avevamo vissuto insieme, dimostrando che l'amore con la sua dedizione può fare davvero i miracoli… aveva funzionato, il mio cuore si riempì 'di gioia l'abbracciai rispondendogli felice: "S*ì Piero te lo prometto"*.

Dopo questa parentesi voglio farti conoscere qualche altro segreto per armonizzare al meglio le relazioni soprattutto tra uomo e donna partendo da sé stessi e dal riconoscimento e dalla gestione della nostra potente energia interna.

Capitolo 5:
La guarigione del serpente

E lì sopra la parete di pietra, cosa c'è lassù? È un dipinto a mano. Come mai questa raffigurazione in una chiesetta misteriosa, nel bosco, che dicono essere dei Templari? Cosa sta a significare? Lo vedi quel serpente nero alquanto insolito? Sembra disegnato a carboncino. Ha qualcosa di misterioso. Ho l'intuizione che rappresenti la famosa *Kundalini*, l'energia sessuale che pervade tutto l'universo.

Sai chi l'ha dipinto? A dire il vero non si vede per intero. Molto si è cancellato nel tempo. Sembrerebbe che si stesse attorcigliando su sé stesso, come a volere ricreare un cerchio. Cosa ti viene in mente a vederlo? Nell'antichità il serpente è stato simbolo di guarigione, non per niente lo ritroviamo come slogan delle nostre farmacie. Ma guarigione da cosa?

Nelle antiche tradizioni sciamaniche simboleggiava la

trasformazione, la muta, la capacità di cambiare ma anche il movimento, l'energia sessuale che pervade il mondo. L'energia creatrice da risvegliare. Riesci a sentire come si muove nel tuo corpo? Oppure i tuoi sensi sono assopiti, addormentati, da troppa vita sedentaria davanti al computer, tv, in macchina, in ufficio, per vivere quella che pensi sia la tua vera realtà?

Fai qualcosa che interessi la sfera creativa nella tua vita o la vivi passivamente in balìa degli eventi o di chi ha creato la vita per te? Riesci a riconoscere, sentire, e gestire le tue emozioni? (Emozioni, dal latino *ex* = fuori + *movere* = muovere). Quelle emozioni che ti fanno muovere, che ti fanno danzare la vita, che ti permettono di creare. A te la scelta.

Cose positive o distruttive ma sempre di forze creatrici si tratta, forze che ti fanno muovere, uscire fuori da alcune situazioni, che non ti fanno bene, quelle che potrebbero indicarti la strada se solo imparassi a riconoscerle, ad ascoltarle. Cosa ti vogliono dire? Certo non bisogna indugiare in esse per ore. Meno tempo ci stai dentro e meglio è.

L'importante è che non ti fai prendere, trascinare, inglobare dalla loro forza, rabbia, tristezza, paura. Divertiti a vedere da dove nascono, perché nascono. Osservale. Sai che è uno dei segreti per gestire il conflitto? Di qualsiasi conflitto si tratti. Osservarti come se fossi uno spettatore esterno, impegnato a vedere una scenetta, quella del suo film personale.

Se ti abitui a spostare il tuo focus anche e soprattutto nel bel mezzo del litigio osservando, appunto, come si muovono le tue emozioni, farai in modo che la tua consapevolezza si alleni sempre più fino a far scomparire o a limitare al minimo il motivo del conflitto, perché saprai gestire al meglio la situazione.

Ovviamente in seguito nei vari approfondimenti, nei seminari o pubblicazioni sul tema, ti spiegherò quali sono gli altri segreti per andare in armonia. I segreti per una coppia felice, ma non solo…che guarda caso si nascondono nel simbolo di cui ti ho parlato qui sopra. Ora è il momento di apprezzare la vita!

La guarigione del serpente

Vieni che ti porto in una stanza magica. Lascia perdere tutto per un momento. Non ti serve a nulla. Fra un po' entreremo in una dimensione senza tempo, un viaggio come ti dicevo mente, corpo e spirito. Ti sei fatto un regalo importante oggi, forse uno tra i più belli, che ti cambierà la vita, senza che neanche tu te ne accorga.

Ti stanno per essere svelati alcuni segreti capaci di farti vedere, e soprattutto sentire, le cose in maniera differente e vivere la vita più intensamente. Possibilmente segreti che non riguardano solo la sfera sessuale ma che partono da essa, per andare ad amplificarsi fino a fare in modo di avere un atteggiamento sacro nei confronti dell'esistenza.

Il primo passo sarà armonizzarti con te stesso per poi metterti in relazione di ascolto positivo con l'altro, chiunque esso sia. Non te li spiegherò con le parole questa volta, ma te li farò vivere. Da oggi il tuo corpo e quello che avrai di fronte sarà un tempio sacro, il custode della tua anima.

Inizia a prendere consapevolezza di ciò, mentre immagini di spogliarti per ricevere il mio tocco sacro. Siamo sul tappeto volante che ci porterà altrove nella dimensione del sentire. Nel luogo delle porte aperte fino a raggiungere l'estasi. L'estasi una parola che ci sembra impossibile ma ti garantisco che la si può raggiungere. Basta solo lasciarsi andare ed è quello che dobbiamo fare ora insieme.

Lasciati per una volta guidare. Abbandona tutto quello che non ti serve iniziando dai vestiti che lascerai andare, metafora di ciò che non ti servirà più. Spegni la mente ed accendi il cuore. Ora chiudiamo gli occhi ed una voce che non sai più di chi sia, ti sussurrerà all'orecchio un "*Namasté*", "io sono l'altro te stesso", il saluto indiano, e ti inviterà a mettere le mani in preghiera. Fallo senza vergogna. Sai cosa vuol dire quel gesto? É un auspicio ad unire il lato maschile e quello femminile, racchiuso in ognuno di noi.

Sai qual è il lato maschile e femminile? Forse è il caso che te lo spieghi per evitare confusioni. Il lato maschile è quella parte razionale, programmatica, mentale, sempre indaffarata a fare. Il lato femminile, invece, è quella parte che riguarda il mondo interiore, le emozioni, sensazioni, ed altre percezioni che non siamo più abituati a riconoscere ed ascoltare, presi dalla troppa fretta del mondo occidentale.

Fermati un attimo ad ascoltare. Come ti senti? Il *tantra* è la via che cerca di unire questi due aspetti in noi. Per un essere più integro affinché ciò possa succedere, bisogna fare in modo che l'energia scorra libera nel nostro corpo.

Ora ti insegnerò le quattro porte del piacere, per far scorrere questa energia che è racchiusa alla base del nostro osso sacro. Si dice essere attorcigliata, come un serpente dormiente, dato che la nostra società è assopita, addormentata a causa di uno stile di vita sedentario che non risveglia questa energia potente che risiede in noi. Si tratta della famosa energia sessuale, la stessa che pervade l'universo. La si trova negli animali, nelle piante, e fa muovere il mondo.

Ti ricordi il serpente della chiesa e la guarigione? Questa avviene quando il serpente si sveglia (*Kundalini*) riuscendo a risalire lungo la colonna vertebrale, fino alla testa, attivando quelle che sono le nostre facoltà assopite, ovvero il famoso 80% del cervello inutilizzato.

Non è così facile e non è per tutti, perché occorre avere voglia di purificarsi. Però ti devo dire che sono molti gli uomini che si stanno avvicinando a questa pratica. Forse il loro inconscio li sta avviando ad una ricerca che parte da un sessuale svuotato per innalzarsi ad una soddisfazione più piena, che coinvolge tutto l'essere, senza tralasciare lo spirituale, entrando sempre di più per conoscere l'universo del femminile sacro che vive in loro, per poter ritornare ad essere uomini integri, attenti verso le proprie compagne e sé stessi.

Ma torniamo a noi... ascolta bene ogni parola. Te la sottolineo, così si imprime meglio nella tua mente. Sono parole chiave che entreranno in te e lavoreranno allargandoti la percezione. Rilassati e da oggi abbi cura del tuo corpo. Ora ti benderò così potrai vedere con occhi diversi da quelli abituali.

Come? Mi dirai. Inizia a guardare con la pelle, con il naso, con le orecchie, con le tue mani. A cosa serve tutto questo percorso? Tu mi chiederai. A risvegliare, soprattutto negli uomini ma oggi più che mai nelle donne, quella parte femminile cioè il mondo interiore fatto di emozioni, sensazioni, che non siamo più abituati ad andare ad esplorare.

Serve ad abbandonare la mente, non perché sia uno strumento inutile, ma per farti comprendere come, liberandola per un momento dai suoi condizionamenti, puoi viaggiare nel mondo del sentire che ti permette di raggiungere vette di piacere fino ad arrivare all'estasi, alla gioia.

Tutto ciò non significa che devi cancellare la mente. In tutte le tradizioni spirituali si tende a meditare per poter entrare nel nucleo di sé stessi, ma occorre saperla gestire e non influire con le sue paranoie. La mente è uno strumento eccezionale, funzionale, poiché serve a farci elaborare la realtà attraverso le percezioni che si ha di essa. Il problema sta nel fatto che andrebbe ripulita da tutti gli schemi condizionanti culturali e non, che hanno lasciato *l'imprinting.*

Come ben saprai anche tu, il cervello non è di pietra. Di conseguenza possiamo sempre modificare a nostro piacimento il programma, aggiustare la nostra parte maschile da quegli atteggiamenti, abitudini limitanti con la programmazione neurolinguistica, per esempio, che io uso abbinandola ad altri percorsi integrati come questo. Per cui ora ti voglio far vedere come, lasciandola un attimo a casa, tu possa sperimentare sensazioni paradisiache

Le 4 porte del piacere

Ora apriamo le porte del piacere con il *"Namasté"*, il tipico saluto indiano che invita a sintonizzare le qualità divine che sono in me, con quelle che sono in te. Inizio le mie sedute terapeutiche, nello spazio sacro appena creato. L'atmosfera è speciale. Le candele lampeggiano nella stanzetta, molto accogliente, dando un tocco caldo al luogo profumato dall'incenso di sandalo indiano, predisponendoci ad un viaggio multidimensionale: mente, corpo e spirito in dimensioni esotiche.

È come stare su un tappeto volante. Tra qualche minuto decolleremo insieme, io e te…lasciati andare alla fiducia. Qui non esiste critica, giudizio, siamo nella dimensione dell'amore universale. Non sai cosa ti accadrà ma è bello così. Bisogna lasciarsi meravigliare qualche volta. Non sei d'accordo con me?

Ad ogni passo, ci inoltriamo nel mondo del sentire, dove ogni cosa rappresenta simbolicamente il cammino della coscienza. Siamo a mani congiunte per far incontrare le due mani che rappresentano simbolicamente i due opposti in noi.

Il gesto significa l'incontro del mondo maschile con quello femminile dentro di noi, dove per maschile come ti ho già accennato si intende tutta quella parte razionale, pianificatrice, organizzatrice, raziocinante ed attiva, mentre per femminile si intende tutto ciò che riguarda il mondo interiore con le sue sensazioni, emozioni, percezioni. La parte intuitiva di noi e la creatività che il *Tantra* ci invita ad esplorare e riconoscere in noi. E così ad integrarle per la completezza dell'essere.

Se questi due opposti non sono connessi difficilmente potremo essere persone integrate con noi stessi per cui sempre ed in continuo conflitto interiore.

L'alchimia tantrica insegna a congiungere, appunto, questi due aspetti ed io uso questo come inizio, come una sorta di auspicio positivo. Un invito per la persona a percorrere questo cammino spirituale nella materia, dove il corpo diventa uno strumento importantissimo di consapevolezza, un tempio sacro da onorare, rispettare ed averne cura.

I miei clienti mentre ascoltano queste parole sono bendati. Li bendo per far in modo che si abbandonino alla fiducia ed utilizzino gli altri sensi per "sentire" con altri occhi, visto che il viaggio per liberarsi è nel *"qui et ora"*, nel liberarsi per assaporare le sensazioni piacevoli del proprio corpo, allenandolo a percepire sempre maggiori gamme di sensazioni sottili.

Ora anche io chiudo gli occhi e mi lascio trasportare, incominciando a sfiorare ogni territorio del corpo di fronte a me: la testa, occhi, il naso, le labbra, le orecchie. Non si tratta di un palpeggiamento ma di uno sfioramento di carezza, consapevoli che hanno lo scopo di riattivare delle sensazioni guidandoli nella gamma di percezioni differenti che il proprio corpo può regalargli.

Li invito ad onorare il mio corpo, che nel frattempo si è trasformato in quello di una dea, come il suo in un dio facendo altrettanto. Una dolce e leggera musica di sottofondo crea l'atmosfera. Ascolta bene queste parole chiave che ti cambieranno la vita. Da questo nostro incontro tu non sarai più la stessa persona di prima e ricordati: il piacere è in senso lato. É il piacere che ti fa assaporare pienamente la vita. É attraverso l'intensità che riuscirai a vedere quanto ti riempirà di gioia.

La Porta dell'Attenzione

Siamo anche noi qui in questa stanza e lo stesso odore di sandalo ci avvolge. La prima porta da aprire importante è l'attenzione. Fai attenzione a tutto ciò che ti circonda. Ad un sorriso, ad uno sguardo, all'atmosfera, ai profumi, ai suoni. Fai esercizio quando sarai da solo/sola in ogni momento della giornata. Sii presente nel *"qui et ora"*.

Facile a dirsi ma non a farlo tu mi dirai. Per me è molto facile, basta fermarsi ad ascoltare. Ascoltarsi su un focus. Riesci a sentire tutto ciò che c'è in questa stanza? Riesci a percepire l'energia ed a cogliere gli odori? Non devi fare altro che sintonizzarti sentendo quello che ti prefiggi di sentire. Fai la prova con gli odori. Immergiti nel profumo. Stai lì e non pensare ad altro. Lasciati semplicemente inebriare. É in quello spazio di tempo che tu sei nel *"qui et ora"*.

Sposta l'attenzione sui sapori, assaggia il cibo con una nuova consapevolezza ed immergiti magari nel sapore di una mela, gustandola lentamente vedrai come riuscirai a sprofondare nel suo sapore. Gli istanti si allargheranno accogliendo l'intensità.

Entriamo nel profondo nel mondo chiamato "femminile sacro". Come ti senti? Te lo chiedi mai preso da mille cose da fare? Lo chiedi mai a chi ti sta vicino? Magari sei troppo distratto da te stesso. Quali sono le tue sensazioni e le tue emozioni adesso?

Impara a sondare il tuo mondo interiore, troppo spesso trascurato, sottovalutato, molte volte attribuito solo alla dimensione della donna, come se l'uomo non fosse capace di provare dei sentimenti.

Già da piccoli non ci insegna nessuno a farlo, così si cresce senza empatia verso l'altro. Senza conoscere sé stessi fino in fondo, senza saper riconoscere la nostra migliore guida che è l'intuito.

Non sappiamo più distinguere neanche da adulti quali siano le emozioni dai pensieri, dalle sensazioni, dai bisogni. Quali bisogni hai in questo momento?

Divertiti a cercare i tuoi bisogni nell'intimo del tuo mondo. Ti servirà ad avere più consapevolezza ed a gestire meglio le situazioni, a raccogliere più forza in te, sicurezza e soprattutto a saper ascoltare l'altro. Questi se ne accorgerà e ti ringrazierà diventando sempre di più empatico, capace di metterti nei suoi panni. Di base è importante, per evitare a priori ogni conflitto in quanto sarai capace di comprenderlo fino in fondo riconoscendo in lui o lei quello che hai passato tu.

L'attenzione è quel faro di luce che ti permette di illuminare le zone in ombra, riempiendole di significato, colei che è capace di farti sentire più intensamente la vita che così non ti scivola via dalla fretta di fare (è come fare un sentiero di corsa senza vedere niente del tragitto). Inoltre ti permetterà di arricchire la tua vita aprendo sempre spazi di intensità, di gusto, di piacere, di gioia. L'attenzione la puoi rivolgere anche sul tuo respiro e qui si apre la seconda porta magica.

La Porta Del Respiro Sacro

Nel respiro si racchiude il segreto del ritmo della vita. Sintonizzati sul tuo respiro, di solito il nostro è ristretto, veloce, corto, superficiale, sempre in preda all'ansia, allo stress, riflesso di uno stile di vita frenetico che non lascia spazio all'essere. Respiriamo profondamente con il diaframma. Ora prova a riempire il ventre come se fosse un palloncino e prendi consapevolezza del suo movimento. Quando prendi l'aria ispira profondamente e molto lentamente fino ad avere consapevolezza di riempire sia il torace che la pancia. Più aria fai entrare e più il tuo corpo ne beneficerà. Ti sentirai più energico.

Respira il *Prana:* prendi e rilascia sempre molto lentamente (prendere e dare, la legge della vita). Immagina di riempire le tue cellule con *Prana* luminoso e successivamente di rilasciare tutto ciò che non va, che non ti serve più. Come il fisico toglie tossine, fai altrettanto con le cose che vorresti eliminare dalla tua vita. Ogni qualvolta espiri fallo lentamente.

Il respiro è vita, rinnovamento. É il grande spirito che unisce tutte le cose. Nel respiro trovi la legge sacra della vita del dare e del ricevere e chiediti come ti relazioni con questa legge. Hai la tendenza a prendere dagli altri o a lasciare che gli altri prendano da te? C'è un equilibrio tra le due cose? Pensaci con calma perché ne vale la pena sondare il rapporto che hai con le relazioni. É su ciò che si basano, anche se nell'amore universale si dice che si dà solamente ma prima o poi questo ti ritorna in qualche forma perché l'universo agisce così.

Nel respiro universale l'importante è avere un atteggiamento di apertura nel dare senza aspettarsi il ritorno, che comunque arriverà. L'apertura sta nella predisposizione al dare nell'atteggiamento del donare. Ricordati che il dare non è solo in termini materiali ma anche un sorriso, una parola, un'azione, un aiuto sono doni di cui ringraziare.

Ed ora ringraziamo l'universo per essere qui, in questo momento, per la persona che tu sei, per gli attimi che ci stiamo regalando, per gli insegnamenti che stai ricevendo, per l'atmosfera di calore, di gioia, di amore, di accoglienza, per queste fragranze che ti aprono il cuore per riuscire a vedere altrove.

Con questo libro impara a ringraziare ogni momento nella tua vita quotidiana, ogni persona sia nel bene che nel male, perché come ti ho dimostrato con le mie storie tutto si trasforma in qualcosa di positivo e se sai coglierne il significato nascosto dalle apparenze solo così la vita diventerà magia, riacquistando quel senso del sacro perduto che dà valore all'esistenza facendone la differenza.

Ora facciamolo insieme. Prendi l'aria. La forza del *Prana* falla circolare consapevolmente nel corpo. Immagina una luce che alimenta tutte le tue cellule, riempiti i polmoni, il ventre. Impara a trattenerla per qualche secondo in questo circuito di luce e poi rilasciala, immaginando di portare via tutti i pensieri, le scorie e le energie negative di cui ti libererai.

Impara a gestire il movimento del respiro ad esserne consapevole. Sarai consapevole così anche dei tuoi stati d'animo. Trova il tuo ritmo nella tua vita. Quanto tempo passi con te stesso? Trova lo spazio per stare con te stesso e lo spazio per gli altri. Lo spazio per rilassarti e lo spazio per lavorare. Questa sarà la tua speciale musica. Non renderla stonata, regola il tuo ritmo.

Anche nelle relazioni di coppia non stare sempre appiccicato/a, ritagliati i tuoi spazi. So che in casa è difficile ma devi essere talmente bravo/a nel ritagliarti momenti sacri per te stessa/o. L'ideale sarebbe avere ognuno la propria stanza, la propria casa ma è importante condividere progetti insieme, è quello che unisce più di ogni altra cosa la parte spirituale. Se non riesci a farlo, il ritmo è soffocante e prima o poi la coppia o qualsiasi relazione ne risente Fai come il respiro entra ed esci, dal tuo spazio dal suo spazio alternando la fusione totale al distacco, giocando a trovare il ritmo ed il tempo armonico che caratterizza ogni incontro. Questo è il segreto imparare a gestire le coordinate tra lo spazio ed il tempo della connessione d'amore.

Ora entriamo nel flusso circolare, insieme, per sintonizzare i nostri respiri. Prendimi le mani, partiamo dalla base del tuo primo *chakra* tra il perineo e l'ano e mi doni l'aria che prendo. Portandomi dietro le tue mani, la faccio risalire lungo il mio corpo facendogli attraversare tutti i *chakra*.

Continuiamo a sintonizzarci...dove eravamo rimasti... Io prendo l'aria, la faccio attraversare lungo i *chakra* e quando arriviamo su, ci fermiamo un attimo. Poi saranno le tue mani che la indirizzeranno a scendere lungo il tuo corpo attraversando i tuoi *chakra*. Questa volta immagina, nel fare ciò, una cascata di luce che li sta attraversando lentamente uno per uno.

Sai cosa sono i *chakra*? Ti apro una breve parentesi giusto per capire di cosa stiamo parlando. Te lo spiegherò brevemente anche se sono stati scritti interi libri a riguardo. Sono quelle porte di energia che governano il nostro corpo, sia sul piano fisico che psicologico.

Se queste ruote funzionano male cioè l'energia non fluisce liberamente in essa, si dice creino le condizioni energetiche per ritrovarsi con degli squilibri che a lungo andare si sviluppano in malattie. Queste porte energetiche hanno delle corrispondenze simboliche, per livello, capaci di fare sintonizzare ed equilibrare le diverse dimensioni del tuo essere.

Per cui ora attraverseremo, come in un viaggio, il piano della sopravvivenza, sicurezza, materialità, animalità con il primo chakra per poi risalire a quello dell'emozioni del secondo, a quello della volontà del terzo, passando per il quarto con la dimensione del cuore compassione empatia , apertura verso l'altro

Nel quinto livello troviamo l'espressione di noi, nel sesto la visione allargata del terzo occhio con tutte le facoltà ad essa correlate: intuito, telepatia, chiaroveggenza fino ad arrivare al contatto con il divino dell'ultimo dei sette chakra.

Come vedi il viaggio è affascinante ed è capace di riequilibrare tutti questi aspetti di te. Ovviamente questo va sviluppato in una serie di esperienze, è un po' come andare in palestra dove invece che sviluppare i muscoli impari ad amplificare, equilibrare le varie dimensioni del tuo essere. Io utilizzo molto anche lo strumento della danza sciamanica per fare tutto ciò.

Ora però utilizzeremo il respiro. Man mano che ci sintonizzeremo, prenderai sempre più consapevolezza di come l'energia *Kundalini* sessuale si muove nel tuo corpo e come tu possa imparare a gestirla fino a portarla nei piani più alti dell'essere, per farti sperimentare e scoprire nuove sensazioni.

É cosi che puoi accendere il fuoco della tua passione, sia in senso fisico che metaforico: quando i due respiri si accordano sulle stesse frequenze armoniche cantando la stessa musica. E che musica!! Puoi anche decidere di amplificare il suono aggiungendo un'altra porta fondamentale del *Tantra*.

La porta del suono

Ora aggiungi al tuo respiro anche il suono. Ascolta il suono che produce *"So Ham"*, il mantra tantrico capace di farti sentire meglio, se continuerai a praticarlo come tecnica semplice ma molto efficace nella tua vita quotidiana. Esso significa "io sono Quello" dove *"So"* sta per il soffio dell'ispirazione e *"Ham"* quello dell'espirazione che si incontrano in te, nella tua divinità e con l'universo intero, dandoti modo di calmare, liberare la mente per dar spazio all'ascolto della tua vera natura con i suoi bisogni.

Questa tecnica ha effetti straordinari per aiutarti a stare nella presenza, a gestire lo stress e le tue emozioni. Ed ora a proposito di emozioni, liberale con un grande sospiro e suono liberatorio. Proviamo insieme, percependo l'aria fresca che entra in noi, ispirando molto lentamente e profondamente, pronunciando mentalmente il suono *So*. Subito dopo percepiamo come esce l'aria tiepida dal nostro corpo pronunciando *Ham*. Ascolta queste parole dal potere magico, il tempo del respiro e poi fermati ad ascoltare le tue sensazioni.

Ora libera ancora le tue emozioni, fai versi. Non sforzarti ma lascia andare tutti i suoni che ti pare senza vergognarti. Così facendo liberiamo il *chakra* della gola, quello coinvolto nell'espressione di noi stessi. Riesci ad esprimere agli altri ed a te stesso quello che senti? Riesci a dire quello che vuoi con assertività cioè affermando te stesso senza nuocere agli altri con la rabbia, per esempio? Come sei messo con la creatività?

Cantiamo un mantra che porterà la gioia ad entrambi, mettendoci nei panni dei bambini, perché il *tantra* è ritrovare anche lo spirito giocoso di un bambino senza il quale sarà difficile sperimentare serenità e felicità.

La Porta del movimento

Senti questa musica "*Feeling*". Prima di farci trasportare dalla sua dolce, languida, melodia in una danza senza nessuna scena, ti voglio dire quanto sia fondamentale muoversi per risvegliare l'energia potente creativa che c'è in noi, la famosa *Kundalini* o il serpente della chiesa. Ricordi?

La danza è una metafora della vita. Tutto questo nostro percorso è una metafora della vita ma la danza lo rappresenta maggiormente. Da come uno si muove si può risalire ai suoi blocchi, e limiti. Se è un tipo timido o meno. Da come interagisce con l'altro si può intravedere che tipo di relazione energetica, superficiale o di qualità riesce ad instaurare con l'universo intorno a sé. Non per giudicare ma semplicemente per guarire. La danza è una vera e propria guarigione

La danza è un modo dunque di capire anche le relazioni che come nella vita intercorrono tra sé stessi e gli altri. Tu, ad esempio, danzi da solo o in compagnia sempre della stessa persona? Insomma è il come ci si muove che fa la differenza. Il movimento è quell'energia sessuale della creatività che si manifesta nel corpo sia della donna che dell'uomo per coglierne la vitalità. *Dimmi come danzi e ti dirò chi sei.*

Molti uomini sono bloccati. Hanno l'idea che sia prerogativa solo delle donne. Sai quanti ne vedo passare nel mio studio che si vergognano come matti al primo accenno di movimento? Pensano subito di non essere capaci ma non si tratta di essere capaci o meno, si tratta di liberare l'energia statica nel proprio corpo.

Come possiamo fare scorrere l'energia se stiamo sempre seduti in macchina, al lavoro, davanti al computer? Il nostro corpo ha bisogno di muoversi, camminare, fare sport. Ma è nella danza che esprime sé stesso aprendosi all'altro? Che tipo di relazione avrai con l'altro: superficiale o di intesa?

La danza libera di *contact* ti aiuta ad ascoltare l'altro, in un linguaggio muto che va ben oltre le parole. Un linguaggio empatico con cui subito capisci se c'è sintonia a livello energetico, entrando in risonanza o meno.

Non faremo passi stabiliti. Non c'è nulla di stabilito nel *tantra*. Devi solo lasciarti andare e seguire la musica ma prima facciamo un esercizio per attivare l'energia del serpente alla radice. Incomincia a disegnare un 8 con il tuo bacino. Quest'area è di fondamentale importanza. É qui che nasce il nostro spirito selvaggio da risvegliare.

Muovi solo il bacino, la schiena tienila dritta e metti le tue mani sui fianchi così ti viene meglio. Il movimento inizia con dieci movimenti da una parte e dieci dall'altra, poi aumenterai la prossima volta gradualmente. Ad occhi chiusi sentirai la mia energia di fronte a te, sia che tu sia un maschio o una femmina. Non importa, si risveglierà pian piano in te la sensualità. Prova a percepirla mentre sale dagli organi genitali del secondo *chakra*. Più lo farai e più essa salirà. Il segreto sta nel non reprimerla. Siamo abituai alla castrazione. Danza in maniera disinibita, non pensare più a niente.

Muovi ogni parte del tuo corpo dalla punta dei piedi alla testa. Ogni parte deve essere coinvolta. Utilizza tutto lo spazio che hai a disposizione e non preoccuparti di scontrarti con l'altro, con gli altri. Al buio puoi sentire come il tuo corpo ora non esista più. É diventato puro canale, pura sensazione. Tu sei nel movimento, tu sei il movimento ed ora fermati. Stai in questo stato, cerca di sentire quello che provi.

Ed ora ritorniamo a ballare, insieme, sbendati nella gioia, allegria, spensieratezza, liberati, guariti. Come vedi si possono sperimentare ed armonizzare tante dimensioni dell'essere, dalla liberazione al contatto sensuale, all'introspezione, all'ascolto profondo attraverso quella che io chiamo danza sciamanica che si trasforma per l'occasione in *contact* sensuale, quando entra nella sfera intima della coppia oppure quando ti permette di viaggiare nel profondo a ritmo del tamburo magico per trovare risposte in te stesso.

Il Tocco Sacro

Siamo arrivati così al massaggio. Il massaggio è un'arte speciale dimenticata. È un'esperienza unica, capace di coinvolgere a 360 gradi. Con il massaggio il tuo corpo fa un viaggio mente, corpo, fisico (anzi la mente lascia il posto alle altre due dimensioni). È una vera e propria esperienza sciamanica.

La qualità delle sensazioni dipende da quanto ti lascerai andare. Se ti lasci andare nel profondo e non pensi più a niente puoi arrivare anche ad altri stati di coscienza, capaci di farti trascendere fino ad arrivare all'estati vera e propria. Non ti voglio influenzare o spaventare. C'è solo da provare perché difficile da raccontare ma ci proverò.

Ora chiudi gli occhi e lasciati trasportare. Senti le mie mani sulla tua pelle, la nostra è una comunicazione che va oltre ogni tipo di altra comunicazione... E' una comunione sottile, energetica. Siamo nel regno del silenzio che dice tutto, aprendo le porte all'infinito.

In una società virtuale che non contempla più spazi per sentire, davvero questo è un momento unico, prezioso che ti stai ritagliando tutto per te, per abbandonarti a sentire l'universo del piacere che si spalanca davanti a te. Il piacere che attraversa tutti i territori del corpo che sono quelli dell'essere. Il piacere che ci hanno represso per secoli e secoli, castrandoci e marchiandolo affinché noi non potevamo essere liberi di essere.

Oggi puoi riprenderti lo spirito selvaggio, la tua vera natura e qui nella nudità del tuo essere, libera le tue sensazioni piacevoli, il suono del tuo respiro. Non avere timore. Lo sai che non ti giudico. Assapora ogni istante nel *"qui et ora"*. Vedrai come ogni attimo si espanderà fino a farti abbracciare l'eternità. Ogni attimo si farà sempre più intenso e noi inizieremo a danzare la nostra danza unica.

Le mie mani si imprimono sul tuo corpo disegnandolo, scolpendolo a suon di musica. Quella musica capace di non farti pensare. Vedi come è bello lasciare la mente. Ora chiudo gli occhi anche io. Siamo nello spazio della meditazione pura, dove esiste solo il sentire, dove tutti i tuoi sensi sono accesi e spenti nello stesso istante, a cavallo del presente.

Le nostre cellule ora stanno gioendo, mentre lo spirito vola. Non si sa quanto tempo siamo stati lì nello spazio del non tempo e di tutti i tempi ed è in questa dimensione che ritrovi quella che viene chiamata femminilità sacra, che va oltre l'identità di genere che non è prerogativa solo delle donne come erroneamente ci hanno fatto credere.

È il mondo del sentire che appartiene ad ognuno di noi maschio o femmina che sia, quell'universo sacro che parla del nostro essere più profondo, dei territori delle emozioni, percezioni, sensazioni, troppo spesso trascurate nella società in cui ci troviamo a vivere e che ci dà modo di sentirci amore.

Sempre in preda alla corsa spietata verso il nulla, in preda al meccanicismo, alla virtualità e razionalità, è ora di riprenderci queste dimensioni delle origini del giardino dell'Eden perduto.

Non aver più paura dell'ignoto non ordinario. Agendo con coraggio perché solo attraverso accogliendo questa meravigliosa dimensione, in noi, potremo raggiungere l'integrità dell'essere. Se noi non la coltiviamo, non le diamo ascolto presi sempre dalle faccende quotidiane del fare. Avremmo difficoltà a unire l'emisfero destro e sinistro del nostro cervello, dove si trova al centro la sede della nostra anima.

L'unione della spinta meravigliosa razionale programmatrice del fare, rappresentata dal fuoco sacro con la magica energia femminile dei mondi misteriosi interiori, (nell'equilibrio danzante degli opposti che ognuno di noi ha in sé), fa accadere i miracoli.

Non permettendo più all'ego della nostra inquisizione di

prevaricare, ecco che avviene la guarigione nella consapevolezza di essere amore.

L'uomo da secoli e secoli è impegnato in attività di caccia per procurarsi il cibo. Non si è dedicato molto alla coltivazione del suo giardino interiore mentre la donna, che abitava lo spazio della casa in raccoglimento, aveva più il tempo per esplorarlo. Ecco che i due mondi si dividevano agli albori dei tempi generando incomunicabilità spirituale con tutte le sue conseguenze.

Oggi sembra non essere cambiato molto da allora se non il fatto che anche la donna, abbandonando la dimensione familiare per andare a procurarsi anch'essa il sostentamento, ha preso le sembianze maschili, interiori.

Questa è solo una generalizzazione, per farti capire che il nodo originario sta nel fatto che chiunque, indipendentemente dal sesso, non coltivi l'anima, diventa cinico, aggressivo, violento, insensibile, non capace di gestire le sue emozioni, perché non riesce a vederle. Non comprendendo i suoi sentimenti diventa incoerente con sé stesso illudendo sé ed il prossimo. Se l'uomo o la donna non conoscono il loro mondo interiore, finiscono per zittire la voce dell'anima, dissociandosi dall'energia di armonia, della grande *Matrix cosmica* dell'anima del mondo.

Inizia così a manifestarsi il seme del cancro che con la sua prevaricazione finisce per corrodere il corpo della donna e della terra, che lei rappresenta. La grande madre quando la insulta ne abusa, la violenta, scaricandole ogni sorta di rifiuti nocivi.

Solo appianando il conflitto della relazione, tra il maschile ed il femminile, tra uomo e la natura, in ognuno di noi si raggiunge l'integrità dell'anima che porta ad essere amore puro cioè quell'energia di unione, l'unica con la quale possiamo sconfiggere l'inquisizione, il germe del cancro, che sta invadendo il pianeta, dalle cellule alle stelle.

Riprendiamoci l'energia di unione d'amore partendo dal riconoscere che siamo amore, per essere finalmente un tutt'uno con le nozze mistiche. Ed ecco che siamo arrivati al portale degli dei, dove si apre l'universo quantico della creazione, in cui siamo richiamati a ricreare l'ordine della nuova era di armonia.

Camminiamo in bellezza

Da questo portale magico l'uomo e la natura saranno la stessa cosa e la civiltà delle pari opportunità renderà tutto più magico. Come? Riprendiamoci in mano la nostra vita, ricreiamo insieme un altro modo di vivere o prendiamo esempio dalla saggezza di quelle popolazioni antiche, che non avevano abbandonato mai il sacro rapporto con la natura dentro e fuori di noi. Ma per far ciò diventa prioritario disinquinarsi... per poi rigenerarsi e rinascere con altri occhi.

Se non sai come fare? Vienimi a trovare nel portale degli dei. Qui ti mostrerò la matrice sacra di allineamento sulle frequenze di madre terra, tra natura e amore, con i percorsi tantrici yoga sciamanici che ho ideato nella scuola dell' armonia per riconnetterci con la femminilità sacra in ognuno di noi, dandoti modo di "guarire" dall'ego all'eco, molti aspetti di te stesso e dell'esistenza, tutti correlati, con l'aiuto della natura con i suoi poteri e simboli sacri l' energia dei luoghi e degli elementi compresi gli antichi saperi ancestrali e le diverse tecniche di benessere olistiche , che ho imparato in giro per il mondo in venti anni di esperienza Strategie multidimensionali che ho sapientemente integrato e sperimentato ed in un'unica visione curativa dell' essere umano capace di equilibrarlo a 360 gradi creando un metodo inedito e fantastico che ti farà immergere in intensissimo universo sensoriale emozionante e di risveglio di cui neanche te l'aspetti.

Così caro lettore il massaggio il viaggio sciamanico le danze, le meditazioni, lo yoga, la purificazione le camminate emotive sensoriali nei boschi le giornate di silenzio o le modalità per una sana comunicazione ed alimentazione comprese le attività sostenibili, non sono altro che parte di un tutt'uno della trama della vita (Tan – tra del sacro mandala, di uno stile di vita sano e armonico che contempla l'essere umano in tutti i suoi aspetti) portando la persona a stare bene in gioia e ad essere pienamente appagata e soddisfatta con se stessa, con gli altri e con la natura, acquisendo un atteggiamento più sacro nei confronti dell'esistenza. Che poi del resto è proprio quello che ci manca affinché la spiritualità venga finalmente applicata nella materia, non è vero?

Il bello che qui non troverai solo le tecniche ma nella magia della natura e di noi ad accoglierti, intorno al fuoco sacro della vita, troverai il riflesso della tua *anima mundi*, la dimensione del calore della grande famiglia, indipendentemente da ogni religione e credo, età e dai ruoli di maschio e femmina (il grande abbraccio primordiale).

Qui non esiste competizione e dopo tre giorni che sei arrivato e ti sei spogliato di tutti gli attaccamenti, nello spazio del cuore avrai modo di rigenerarti, imparare a vivere la vita intensamente, nutrire ed arricchire quell'anima dimenticata riconnettendola all'*anima mundi*, dove potrai finalmente rifletterti. Da quel momento come per magia nella tua vita accadranno i miracoli.

Ora prima della fine del nostro viaggio insieme, voglio darti ulteriori spunti su come poter continuare ad armonizzare le relazioni che approfondirò in seguito anche con le successive pubblicazioni, seminari, video sul tema dicendoti in linea di massima (perché non voglio rovinarti la sorpresa) cosa potrai trovare nel percorso programma di consapevolezza che vede congiungere la dimensione d'amore "tantriko" con gli aspetti sciamanici ed quelli ecologici naturalistici di cui ti ho parlato in questa guida.

Capitolo 6:
7 giorni nella natura che ti cambiano la vita

Dov'è che la guarigione del serpente (ti ricordi della raffigurazione nella chiesetta?) avrà modo di esprimersi al meglio?

Senza cellulari, senza internet, a lume di candela, in punta di piedi, nella casetta incantata nel bosco la stessa in cui è venuto a trovarci il nostro Piero, a ritmo del tamburo del cuore, avrai la magnifica possibilità di entrare nella dimensione della meditazione pura quella condizione ancestrale originaria che ci appartiene da sempre che quel grande primordiale abbraccio armonico sarà capace di risvegliare.

Attraverso l'attraversamento delle 7 dimensioni dell'essere, rappresentate dai chakra e dagli elementi in corrispondenza della incontaminata natura intorno.

Giorno 1) Terra

Ti permette di risvegliare i tuoi sensi assoluti ed aprirti alle meraviglie della natura, affiatati con il gruppo conoscere conoscerti imparando a comunicare ecologicamente nel cerchio dell'alleanza.

Giorno 2) Acqua

Ti permette di entrare nel profondo riequilibrando quelle parti di te in dissonanza, lavorando con il potere degli elementi che pian piano entreranno a far parte di te e con i quali potrai iniziare a riconoscere e gestire al meglio le tue emozioni.

Giorno 3) Fuoco

Ti permette di entrare in relazione con il potere che c'è in te, il tuo sole interiore, la tua forza, risvegliando e valorizzando quelli che sono i tuoi talenti, passioni, capacità, che magari non ti eri mai accorto di possedere, grazie al lavoro di destrutturazione dei pensieri ed abitudini limitanti che ti impediscono la strada verso l'amore vero.

Giorno 4) Chakra del cuore

Ti permette di entrare in relazione con l'energia di amore universale, guarire dalle ferite del passato, imparare a perdonare, sviluppare empatia ed avere compassione, creare sane relazioni, scoprire il linguaggio del cuore che unisce tutti gli esseri e ci insegna a connettersi con l'energia ed i poteri spirituali degli animali, piante, elementi deva del luogo.

Giorno 5) Aria/Vento messaggero
Ti insegnerà il modo di comunicare al meglio con te stesso , il tuo partner, i tuoi figli, l'universo, grazie alla capacità di esprimere la tua voce con assertività senza danneggiare l'altro donandoci la conoscenza delle dinamiche del conflitto e di come da gestirlo al meglio.

Giorno 6) La voce del silenzio condiviso
Ti permetterà di vivere dimensioni magiche surreali, che ti sintonizzeranno con gli spazi sacri della parte divina in te e fuori di te nel grande spirito nascosto in ogni cosa.

Giorno 7) La visione dell'aquila
Ti aiuta a risvegliare quelle doti nascoste che tutti noi possediamo

quali, telepatia, chiaroveggenza, chiaro-udienza, intuito profondo e metterle al servizio degli altri. Inoltre imparerai a gestire la visione imparando a trasformare i sogni in realtà.

Conclusione

Caro lettore, questo libro è solo l'inizio di un percorso capace di coinvolgere l'essere nella sua totalità, che vede le relazioni ad ampio raggio. Partendo come abbiamo visto dalla trasformazione del dolore attraverso la presa di consapevolezza che porta al perdono, e di conseguenza all'accettazione dello stesso percorso va ad integrare quegli aspetti femminili e maschili in noi guarendo prima di ogni altra cosa quelle che sono le ferite di un'anima frammentata.

Abbiamo attraversato insieme la prima tappa quella intima della dimensione del sentire, attraverso il corpo, del *qui e ora* e scoperto le 4 porte del piacere, come risveglio sensoriale Tantriko. Nella prossima tappa in un secondo momento, andremo ad esplorare ancora più a fondo i territori delle relazioni che coinvolgono anche la sfera psicologica, emozionale spirituale universale. Proseguendo il lavoro sulle corrette modalità di comunicazione e non, andando a colmare quelle lacune, che vedono nell' ascolto profondo sia delle parole che del silenzio, la base di qualsiasi sana e magica relazione.

Per chi ha difficoltà a raggiungermi nella valle dell'Armonia nonché alla casetta centro olistico, ecologico, spirituale nella foresta sacra sto preparando una serie di videocorsi di armonizzazione ed ebook di approfondimento sulle tematiche riportate in questo libro, oltre a seminari itineranti di connessione energetica con i luoghi sacri della terra, e non solo, con cui cercherò di portarvi un po' della magia della natura a casa vostra.

Il Tantra e le magiche relazioni uomo e donna;
La dea ed il risveglio del femminile e maschile sacro
Approfondimento sulle dinamiche che generano il conflitto
La gestione delle emozioni e comunicazione empatica
Il rapporto di coppia come modello di crescita
La sessualità sacra

Percorsi di eco sciamanesimo:
Ecospiritual experience nel santuario della natura

"La riconnessione con madre terra"; Eco-benessere 360;
Lo yoga del cibo;
alimentazione sana e la magia delle erbe officinali
Come educare i propri figli;
L' educazione alla natura per bambini
Il risveglio dei sensi; con itinerari emotivi sensoriali
Le danze sciamaniche guaritrici
e non solo.

Potrai trovare indicazioni sui miei siti:

http://www.rinascitanellanatura.wordpress.com

http://www.ilcerchiosacro.it

Pagina Facebook: rinascita nella natura

Link: https://www.cam.tv/mariamaddalenaarmenise885

…che provvederò presto ad aggiornare.

Se ti sono piaciuta e vuoi approfondire l' argomento con dei consigli e consulenze sull'arte tantrika di vivere al meglio o raccontarmi la tua storia, puoi scrivermi tranquillamente a schiastam@gmail.com /schiasta@libero.it anche se spesso mi trovo a vivere nella natura farò il possibile per risponderti in breve

Sarebbe bello oltrepassare le porte del silenzio ed incontrarci di persona per vivere insieme le atmosfere magiche della casa nel bosco, con tutti i suoi insegnamenti di armonizzazione a più livelli per il bene nostro e delle future generazioni.

Sarò felice di spalancarti il mondo delle meraviglie ed accoglierti con tutto il cuore nella valle dell'armonia e felicità. Non resta che uscire dal virtuale e venire a sperimentare, davvero, quello che le parole non riescono a dire.

Ringraziamenti

Ringrazio il mio spirito selvaggio che mi ha portato sempre ad essere fedele con la mia vera essenza. Ringrazio la bellezza della natura in cui posso rispecchiarmi e trovare la dea in me.

Ringrazio mia madre che nonostante tutto ha sempre incoraggiato e creduto nelle mie possibilità, a cui avrei voluto fare leggere questo libro, anche se sono sicura che dall'aldilà sentirà.

I miei amici ed allievi per esserci e poter sperimentare con loro i sogni ed i percorsi, tra i quali un ringraziamento particolare va a Nico, Maria Rosaria autrice ed insegnante di yoga e Piero il diversamente abile che mi hanno incoraggiato a scrivere questo libro.

A te, lettore della fiducia che mi hai riposto e per aver condiviso con me frammenti delicati della mia vita. Spero di averti risvegliato la voglia di vivere più intensamente contemplando l'anima e risvegliando i sensi, dal torpore della vita quotidiana. Spero che questo libro ti dia la forza per fare i cambiamenti che desideri nella tua vita, per essere quello che desideri veramente essere e che ti possa guidare per armonizzare tutte le tue relazioni con il partner e non solo, ma soprattutto che ti possa aiutare ad eliminare i difetti dell'ego e trovare la tua vera natura: quella di essere amore.

Ringrazio la Madre Terra per avermi dato la visione di armonizzazione e la bussola di orientamento nella vita e di farmi sentire donna e madre. Ringrazio tutte le esperienze negative che mi hanno permesso di maturare, prendere consapevolezza, guarire, trasformare il dolore, sviluppare la capacità di perdonare.

Dunque ringrazio anche i miei "preistorici "compagni di vita che hanno animato questo libro con le loro storie, senza i quali oggi non sarei la stessa.

La maggior parte degli episodi narrati, seppur ben descritti per il mio vissuto, contengono riferimenti a luoghi, contesti, nomi di persone e particolari narrativi anche di pura fantasia, per rispetto verso la loro privacy e volontà di non giudizio verso le esperienze altrui, pertanto ogni eventuale ulteriore riferimento a persone esistenti o a fatti accaduti è da considerare puramente casuale e non voluto.

Ringrazio tutti i miei formatori, sciamani maestri spirituali incontrati sul cammino della vita, in giro per il mondo dal Messico al Peru, al Guatemala, all'Ecuador, all'India, tra cui gli uomini e donna medicina Maniton quan, (man medicine story) Alvaro e Caterina, Giosuè Stravos allievo di Michael Harner, Hellinger padre delle costellazioni familiari, Steven van madre ideatore delle passeggiate con la terra, Jerom Liss padre della comunicazione ecologica, G.Vergas ideatore del teatro dei sensi, Agnese Sartori, Rossella Panigatti con la sua comunicazione energetica, l'Om Yoga Tantra School Health International Society di Benares, la Brest of School Yoga and Massage di Varkala (India), Andrea Fazi per l'ispirazione alla natura, il WWF e tutti i bimbi nelle scuole per aver segnato il mio cammino e tanti altri che sarebbe troppo lungo qui elencare (con i quali mi scuso se non li ho citati), ognuno dei quali mi ha aiutato negli anni ad aprire la mente donandomi gli strumenti per arrivare fin qui.

Ringrazio la Bruno Editore ed il suo staff per avermi dato questa incredibile opportunità di raccontare la mia storia che possa servire come esempio per trasformare il dolore in virtù ed insegnamento, grazie a tutte le persone che ho incontrato nelle scuole, durante lo svolgimento dei vari progetti e nei miei seminari nel bosco.

É un onore in tutti questi anni poter ogni giorno imparare nuove cose dalla condivisione delle loro vite.

Maria Maddalena Armenise

www.ingramcontent.com/pod-product-compliance
Lightning Source LLC
Chambersburg PA
CBHW070447090426
42735CB00012B/2481